Bettina Ulmer Torsten Ulmer

Passionsblumen

Blütenzauber für Jedermann

6., verbesserte Auflage, Februar 1997

38 Farbfotos

75 Zeichnungen

Impressum

38 Farbfotos von Torsten Ulmer
Alle Aufnahmen wurden von
in Deutschland kultivierten
Exemplaren gemacht.

Titelbild: P. quadrangularis
Umschlagrückseite: P.´Incense`

75 Zeichnungen von Bettina Ulmer

Ulmer, Torsten und Ulmer, Bettina:
Passionsblumen - Blütenzauber für Jedermann
Witten, 1997

Druck- & Verlagscooperative ´85 GmbH
ISBN 3-925713-20-4

Für die freundliche Unterstützung möchten wir uns bei Frau Angelika Janka von der Firma Laupenmühlen Druck, bei Frau Maria Klein, bei Frau Angelika Neufeld-Groeneveld von der Druck- & Verlagscooperative ´85 GmbH, bei Frau Christine Neuhaus von der Firma Schreibservice Neuhaus, bei Frau Dr. Barbara Post, bei Herrn Harri Reimann und bei Herrn Dr. Michael Schwerdtfeger herzlich bedanken.

Vorwort zur 4. Auflage

Bei dem vorliegenden Buch handelt es sich weniger um ein theoretisches Nachschlagewerk als vielmehr um ein praktisches, an den Fragen vieler Passiflora-Liebhaber orientiertes, Handbuch. Die Kulturanleitungen der einzelnen Passiflora-Arten sowie die Artenbestimmung stellen den Schwerpunkt dieses Buches dar.
Seit vielen Jahren beschäftigen wir uns nun intensiv mit der Gattung Passiflora. Durch den weltweiten Kontakt zu Liebhabern und botanischen Gärten haben wir eine Sammlung von weit über 100 Arten und Sorten aufgebaut.
Die einzelnen Kulturanleitungen beruhen sowohl auf eigenen, umfassenden Erfahrungen als auch auf Informationen über die Lebensbedingungen der Pflanzen am natürlichen Standort.
Eine Unterteilung in Gewächshaus-, Wintergarten-, Kübel-, Zimmer- und Freilandkultur soll es dem Pflanzenliebhaber erleichtern, solche Arten herauszufinden, die unter seinen individuellen Bedingungen gut gedeihen.

Witten, im Dezember 1994

Vorwort zur 5. Auflage

Die Passionsblumen erleben momentan eine wahre Renaissance. Während die Passiflora-Arten vor wenigen Jahren nur einem kleinen Kreis von Liebhabern vorbehalten waren, haben sie sich inzwischen zu begehrten Kübel- und Gewächshauspflanzen entwickelt.
Nie zuvor war das Angebot an Passionsblumen in Versandgärtnereien, Gartencentern und Blumengeschäften so groß wie gegenwärtig. Dieses Buch stellt Ihnen die schönsten Passiflora-Arten und -Sorten, darunter auch einige Raritäten und Novitäten, vor.

Witten, im März 1996

Inhaltsverzeichnis

Einleitung

Im frühen 17. Jahrhundert entdeckten spanische Jesuitenpriester im brasilianischen Regenwald ein bis dahin unbekanntes Klettergewächs. In der Blütenstruktur erkannten die Priester Symbole, die sie an den Leidensweg Jesu Christi erinnerten. Die jeweils fünf Kelch- und Kronblätter repräsentierten die zehn Apostel (ohne Petrus und Judas), die bei der Kreuzigung anwesend waren. Der feine Strahlenkranz erinnerte an die Dornenkrone, der gestielte Fruchtknoten symbolisierte den Kelch des letzten Abendmahls, die fünf Staubgefäße entsprachen den fünf Wundmalen, und der Stempel mit den drei Griffeln deutete auf die drei Nägel hin, die bei der Kreuzigung verwendet wurden. Folglich nannte man die Pflanze fortan Passiflora, was vom lateinischen passio = das Leiden und flos = die Blüte abgeleitet wurde.
Neben der Blütenstruktur wurden auch andere Pflanzenteile im Sinne der Kreuzigungsgeschichte ausgelegt. Die Sproßranken symbolisierten die Geißeln, mit denen der Heiland gefoltert wurde, die fünfgelappten Blätter seine Hände. In anderen Überlieferungen wird von un- oder dreigelappten Blättern gesprochen, die auf die Lanzenspitzen der römischen Soldaten hindeuten sollten. Von daher ist es nicht sicher, welche Art es war, die zuerst entdeckt wurde. Es ist allerdings zu vermuten, daß es sich um *P. caerulea* handelte, da diese wenig später zusammen mit *P. incarnata* als erste Pflanze dieser Gattung nach Europa kam.
So sehr man auch suchte, ein prägnantes Symbol für das Kreuz war bei dieser Pflanze nicht zu finden. Dies bedurfte einer Erklärung, die rasch gefunden wurde: Die sanfte und milde Natur lasse die Darstellung des Gipfels der Schmerzen nicht zu.
Die Entdeckung der Passiflora wurde als ein Zeichen des Himmels zur Christianisierung der heidnischen Völker in der neuen Welt verstanden. Was dann geschah, gehört sicherlich zu den dunkelsten Kapiteln des Christentums.

Mittlerweile sind zwischen 400 und 500 verschiedene Arten bekannt. Die Mehrzahl davon stammt ursprünglich aus Südamerika, der Rest von 20 bis 30 Arten aus Asien, Australien und Nordamerika. Bis auf wenige Ausnahmen handelt es sich bei den Passionsblumen um tropische oder subtropische Klettergewächse. Im Regenwald, einem ihrer natürlichen Standorte, erklimmen sie mit Hilfe ihrer Sproßranken die Bäume und erreichen so leicht eine Höhe von bis zu 10 m.

Etwa 60 Arten bringen eßbare Früchte hervor, aber nur *P. edulis, P. ligularis* und *P. mollissima*, deren Früchte auch in Deutschland erhältlich sind, sowie *P. quadrangularis* sind von wirtschaftlicher Bedeutung. Der Großteil der Arten wird sicherlich wegen seiner Blüten, die mit zu den schönsten überhaupt zählen, kultiviert. Die Blütenfarben, mit deren Hilfe die Bestäubertiere, wie Bienen, Hummeln und Kolibris angelockt werden, reichen von unauffälligem Grün und Weiß bis zu spektakulärem Blau, Gelb, Violett, Purpur, Rosa und Rot. Der komplizierte Blütenaufbau entspricht den Bedürfnissen der jeweiligen Bestäubertiere. Arten mit einem großen, auffälligen Strahlenkranz sind auf die Befruchtung durch Bienen und Hummeln ausgerichtet. Die Insekten landen auf dem Strahlenkranz, von wo aus sie mit ihrem Rüssel an den darunter befindlichen Nektar gelangen können. Dabei berühren sie mit ihrem Rücken die nach unten gekrümmten Staubbeutel und tragen die Pollen zur nächsten Blüte. Erst wenn die Staubbeutel völlig entleert sind, krümmen sich die Griffel abwärts. Die Blüte kann nun bestäubt werden, indem die Insekten den an ihrem Rücken haftenden Pollen an den Narben abstreifen.
Passionsblumen der Untergattung Tacsonia hingegen besitzen einen sehr kleinen, unscheinbaren Strahlenkranz. Sie sind nicht auf die Bestäubung durch Hummeln oder Bienen angewiesen. Auf Grund ihrer langen Blütenröhre ist es den Bestäuberinsekten unmöglich, an den Nektar am Blütengrund zu gelangen und dabei gleichzeitig die Blüte zu bestäuben. Allein die Kolibris erreichen mit Hilfe ihrer langen Schnäbel den Nektar. Dabei bleibt der Pollenstaub am Kopf der Vögel haften und wird so zur nächsten Blüte getragen. Entsprechend können es sich Arten, die in der Regel von Kolibris bestäubt werden leisten, rötliche oder rosafarbene Blüten hervorzubringen, die von den Bienen kaum wahrgenommen werden.
Die recht kurzlebigen Blüten der Passionsblumen sind bis auf wenige Ausnahmen nur einen Tag geöffnet. Sie erscheinen einzeln oder paarweise in den Blattachseln, seltener in mehrblütigen Trauben (*P. racemosa*) oder zymösen Blütenständen.

Mit ihren ungelappten oder 2- bis 7-fach gelappten Blättern besitzt wohl kaum eine andere Gattung so viele unterschiedliche Blattformen wie die Passionsblumen. Dies ist das Ergebnis einer Koevolution mit der in Mittel- und Südamerika beheimateten Schmetterlingsgattung Heliconius, die sich in ihrem Raupenstadium von den Passionsblumen ernährt. Man bezeichnet die Heliconius-Arten daher oft auch als Passionsblumenschmetterlinge. Da die Falter die für die Eiablage geeigneten Pflanzen in Folge optischer Reize finden, haben die Passionsblumen eine ungewöhnliche Strategie entwikkelt, um sich vor dem Raupenfraß zu schützen. Sie ahmen Blattformen an-

derer Pflanzen nach, die nicht von den Schmetterlingen angeflogen werden. Selbst innerhalb einer Art können unterschiedliche Blattformen auftreten. Im Regenwald beispielsweise ahmen junge Pflanzen Blattformen des Waldbodens, mehrjährige Passionsblumen hingegen typische Blätter der oberen Waldregionen nach.
Interessanterweise bringen zahlreiche Passionsblumen nach einem kräftigen Rückschnitt, was mit einem Befall durch Heliconius-Raupen vergleichbar ist, Blätter hervor, die sich in Form und Gestalt deutlich von den vorherigen unterscheiden. Oft vergehen Wochen, ehe die Pflanze wieder ihre ursprüngliche Blattform ausbildet. Es ist daher durchaus möglich, daß die jeweiligen Blätter einer Art nicht immer mit den Zeichnungen in diesem Buch übereinstimmen müssen.
Zusätzlich lagerten viele Arten starke Giftstoffe (Blausäureglykoside) in den Blättern ein. Diese Blattgifte zeigten bei zahlreichen Schädlingen Wirkung, nicht aber bei den Heliconius-Faltern. Im Laufe der Evolution entwickelten die Schmetterlinge eine Immunität gegen das Gift und verwenden es seitdem sogar zu ihrem eigenen Nutzen. In den Raupen sammeln sich während ihrer Entwicklung größere Mengen dieser Giftstoffe an, die sie schließlich ungenießbar für Freßfeinde machen. Auch nach der Verpuppung bleiben diese Substanzen erhalten und die leuchtenden Warnfarben der Schmetterlinge halten die Vögel davon ab, sie zu verzehren.
Andere Abwehrmechanismen, die die Passionsblumen entwickelten, wie z.B. Nektar-Drüsen, stellten sich bei den Faltern als wirkungsvoller heraus. Außerhalb der Blüte produzieren Drüsen an Blattstielen, Blättern, Nebenblättern und anderen Orten einen süßen Nektar. Mit Hilfe dieses begehrten Drüsensekrets locken sie Ameisen und Wespen an, die sich unter anderem von den Schmetterlingseiern und -raupen ernähren.
Darüber hinaus haben einige Arten mit Erfolg Eiattrappen hervorgebracht. Teilweise findet man an den Blättern in der Nähe des Blattstiels, aber auch an den Nebenblättern (*P. cyanea)* solche Eiattrappen aus zwei kleinen gelborangenen Punkten bestehend. Diese Imitation der Heliconius-Eier täuscht dem Schmetterlings-Weibchen vor, daß diese Pflanze bereits belegt ist. Da eine Passionsblume nicht in ausreichender Menge Nahrung für mehrere Gelege bieten kann, sucht sich das Weibchen einen neuen Ablageplatz.
Wissenschaftliche Versuche haben nachweisen können, daß die Pflanzen ohne Eiattrappen deutlich öfter von den Heliconius-Faltern zur Eiablage ausgewählt wurden als Passionsblumen mit solchen Imitationen.

Passionsblumen sind nicht nur wegen ihrer Früchte und Blüten von Bedeutung, sie werden ebenfalls zu medizinischen Zwecken genutzt. Schon zu Zeiten der Mayas und Inkas galten sie als Heilpflanzen. Einige Eigenschaften macht man sich noch heute in der Medizin zu Nutze.
In allen Pflanzenteilen sind Alkaloide enthalten, die eine beruhigende, blutdrucksenkende und krampflösende Wirkung besitzen. Während in ihrer jeweiligen Heimat verschiedenste Arten gegen unterschiedliche Krankheiten angewandt werden, haben im wesentlichen drei Arten, *P. foetida, P. incarnata* und *P. quadrangularis,* über ihr Verbreitungsgebiet hinaus Bedeutung erlangt.
P. foetida wird weltweit wegen ihrer harntreibenden Wirkung eingesetzt. Die pulverisierte Wurzel der *P. quadrangularis* mit Fettcreme versetzt, ergibt eine schmerzstillende Salbe. *P. incarnata* wirkt nach klinischen Erfahrungen beruhigend auf das Nervensystem. In der Homöopathie wird bei nervöser Unruhe oder Schlaflosigkeit eine Essenz aus dem frischen Kraut von *P. incarnata* verwendet. In zahlreichen Kräuterteemischungen wird ebenfalls auf die beruhigende Wirkungsweise von *P. incarnata* zurückgegriffen.

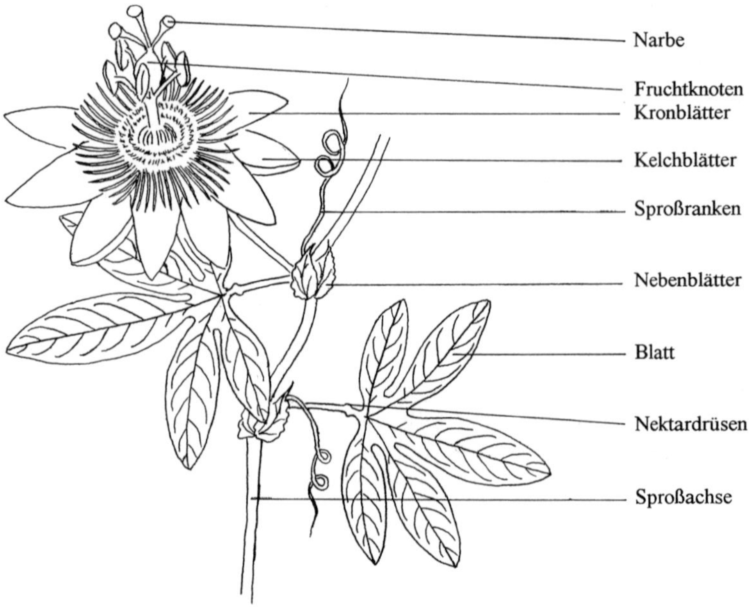

Stück eines Blütenzweiges von *P. caerulea*

Einordnung in die botanische Systematik

Für viele Passiflora-Liebhaber, die sich ausschließlich an diesen Exoten erfreuen möchten und in diesem Buch eine Anleitung für die richtige Kultur finden wollen, ist die systematische Einteilung nur von untergeordneter Bedeutung.
Sowohl für den Botaniker, als auch für denjenigen Pflanzenfreund, der sein Hobby einigermaßen wissenschaftlich betreiben möchte, wird die folgende systematische Einordnung sicherlich von Nutzen sein.
Dieses Buch entspricht in weiten Teilen der Klassifikation von E.P. Killip, die er in seinem 1938 erschienenem Werk: "The American Species of Passifloraceae" aufgestellt hat. Wir haben lediglich einige kleinere Änderungen vorgenommen.

Passionsblumen gehören zu der Familie Passifloraceae, die 18 Gattungen mit ungefähr 630 Arten beinhaltet. Mit über 400 Arten stellt die Gattung Passiflora das Hauptkontingent dieser Familie dar.
Die Gattung Passiflora wird in 23 Untergattungen unterteilt, wovon die größeren wiederum in Sektionen aufgeteilt werden. Nicht nur für den Systematiker ist die Aufgliederung in Untergattungen von großer Bedeutung, auch für den Hobbygärtner kann sie sehr hilfreich sein.
Kann eine Passionsblume nicht eindeutig einer Art zugeordnet werden, weil keine Blüte vorhanden ist oder andere Merkmale nicht mit der Beschreibung übereinstimmen, ist es meist dennoch möglich zumindest die entsprechende Untergattung herauszufinden. Die Arten, die in einer Untergattung zusammengefaßt werden, haben nicht selten vergleichbare Kulturansprüche. Dies läßt sich besonders schön bei den Tacsonia-Arten nachvollziehen. Gelingt es also, die fragliche Passionsblume wenigstens einer Untergattung zuzuordnen, so erhält man erste Aufschlüsse über die Ansprüche der Pflanze.
Eine eingehende Besprechung aller 23 Untergattungen würde sicherlich zu weit führen. Wir haben uns daher auf die Charakteristika der 5 größten beschränkt.

Passiflora Untergattung **Astrophea**

Bäume und Sträucher oder Kletterpflanzen, oft ohne Sproßranken; Blätter einfach; Blüten weiß, grünlich, rosa, rötlich oder rotbraun, einzeln, paarweise oder mehrblütige Blütenstände; Operculum aufrecht, meist tief in Fäden zerteilt; Fruchtknoten dreieckig; Griffel jeweils an den Ecken mit dem Fruchtknoten verbunden
über 50 Arten z.B. *P. arborea, P. macrophylla, P. pyrrhantha, P. spinosa*

Passiflora Untergattung **Dysosmia**

Krautige oder teilweise verholzte Kletterpflanzen, gelegentlich niedrige Büsche; Blätter meist drei- oder fünfgelappt, seltener zwei- oder ungelappt; Nebenblätter tief gespalten, gewöhnlich mit Nektardrüsen an den Spitzen; Blattstiel ohne Nektardrüsen, dafür aber oft mit Drüsenhaaren; Brakteen frei, fiederspaltig oder 2-3fach fiederteilig mit zahlreichen Nektarhaaren; Blütenbecher schlüsselförmig bis glockenförmig; Strahlenkranz aus 4 bis 7 Reihen; Operculum aufrecht bis liegend, am Rand gezähnt oder bewimpert
10 Arten z.B. *P. foetida, P. vestita*

Passiflora Untergattung **Passiflora**

Krautige oder seltener verholzte Kletterpflanzen; Blattstiel mit 1-8 Drüsen (eine Art ohne Drüsen); Blätter meist 3- bis 5-gelappt oder ungelappt, seltener 7-gelappt, Blattrand ganzrandig oder gesägt; Brakteen meist ansehnlich, frei oder verwachsen; Blüten einzeln oder in zymosen Blütenständen; Blütenbecher glockenförmig, seltener röhrenförmig, deutlich kürzer als die Kelchblätter; Strahlenkranz gewöhnlich mit 2-8 Reihen; Operculum nach innen gekrümmt, am Rand aufrecht, ganzrandig oder unterteilt in kleine Lappen; Narben entwachsen gewöhnlich aus der Mitte des Fruchtknotens, Narben frei oder an der Basis miteinander verwachsen; Früchte oft sehr groß
120 Arten z. B. *P. quadrangularis, P. alata, P. menispermifolia, P. ligularis, P. edulis, P. maliformis*

Passiflora Untergattung **(Plectostemma) Decaloba**

Seit neuestem lautet der korrekte Name für diese Untergattung Decaloba. Bei den Artenbeschreibungen in diesem Buch wird hingegen noch der ältere Begriff, Plectostemma, verwandt.
Krautige oder verholzte Kletterpflanzen; Blüten meist wenig spektakulär, einzeln, paarweise oder selten in 2 bis mehrblütigen Trugdolden; Blütenbecher schüsselförmig oder glockenförmig; Kronblätter teilweise fehlend; Strahlenkranz 1- bis 3-reihig; Frucht ist eine Beere, seltener eine Kapsel
über 140 Arten z.B. *P. coriacea, P. suberosa, P. capsularis, P. rubra*

Passiflora Untergattung **Tacsonia**

Kletterpflanzen; Blattstiel oft mit sehr kleinen Nektardrüsen; Brakteen groß, verwachsen, seltener einzeln; Blüten prächtig, hängend oder seltener hori-zontal, meist pink oder rot gefärbt; Hypanthium lang zylindrisch, am Grunde oft bauchig erweitert und länger als die Kelchblätter (Ausnahme: *P. insignis*); Strahlenkranz 1- bis 2-reihig, sehr selten 3-reihig, meist zu kleinen Knötchen verkümmert, seltener aus längeren Fäden; Fruchtknoten rauh-haarig oder unbehaart; Frucht glatt, unbehaart oder flaumig behaart
über 50 Arten z.B. *P. cumbalensis, P. mollissima, P. pinnatistipula, P. mixta, P. coactilis*

Längsschnitt durch die Blüte von *P. vitifolia* (Distephana)

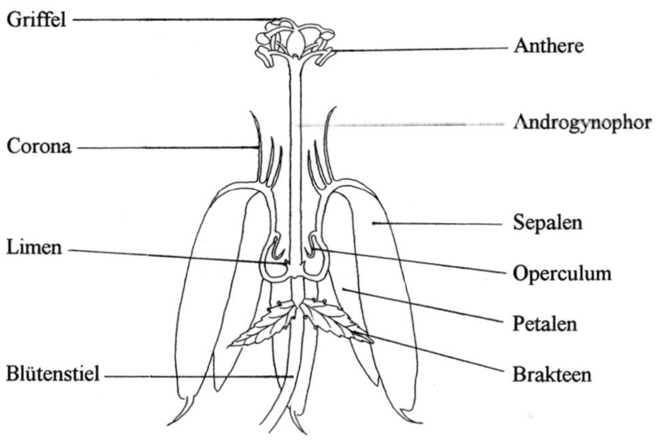

Untergattung Distephana

Längsschnitt durch die Blüten von
P. mixta (Tacsonia), *P. biflora* (Plectostemma) *und P. subpeltata* (Passiflora)

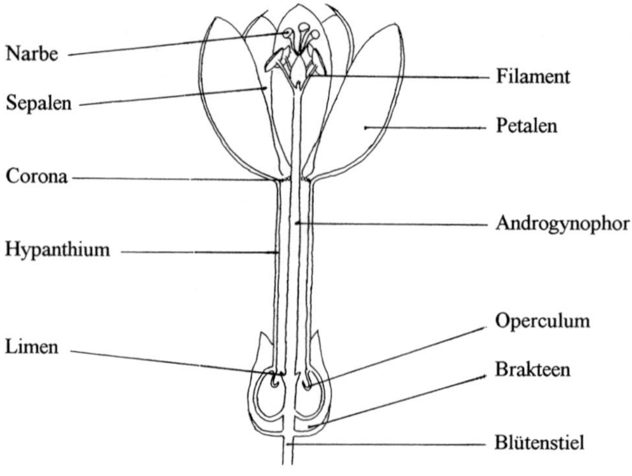

Untergattung Tacsonia

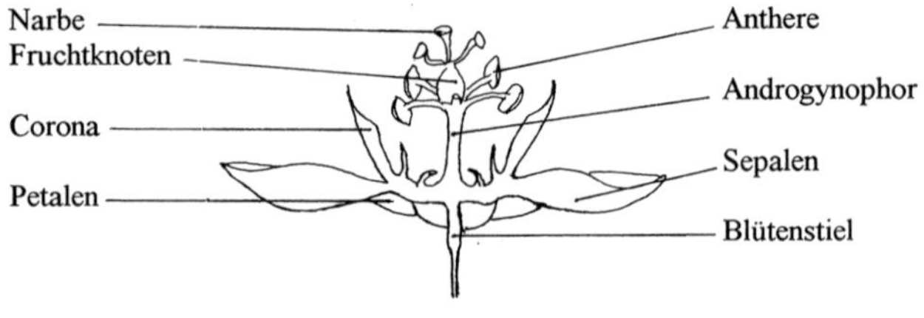

Untergattung Plectostemma

Untergattung Passiflora

Kulturanleitung

An die Temperatur und die Luftfeuchtigkeit stellen die Passionsblumen unterschiedliche Ansprüche. Man muß nicht unbedingt stolzer Besitzer eines Gewächshauses sein, um Pflanzen dieser Gattung zu kultivieren. Von den über 400 Arten können die meisten als Kübel- oder Zimmerpflanzen gehalten werden. Einige Passionsblumen können sogar ganzjährig ausgepflanzt werden; vor dem gröbsten Frost sollte man sie jedoch mit Laub oder Tannenzweigen schützen. Es braucht also kein Pflanzenfreund auf die Blütenvielfalt der Passionsblumen zu verzichten.

Die Wahl des richtigen Pflanzgefäßes ist für die Entwicklung der Pflanzen von nicht zu unterschätzender Bedeutung. Jungpflanzen sollten nicht in zu großen Töpfen gehalten werden. Kleine Töpfe wirken sich auf die Wachstumsgeschwindigkeit positiv aus. Sobald das Substrat gut durchwurzelt ist und die Wurzeln aus den Löchern herausragen, werden die Jungpflanzen in den nächst größeren Blumentopf gepflanzt. Ältere Exemplare sind, was die Topfgröße betrifft, recht genügsam. Selbst in kleinen Töpfen, die in keinem Verhältnis zum Erscheinungsbild der Pflanze stehen, werden zahlreiche Blüten gebildet. Bietet man den Passionsblumen jedoch großzügige Gefäße an, oder pflanzt sie im Erdreich aus, so daß sich die Wurzeln ihren Weg frei suchen können, wachsen sie zu ungeahnter Größe heran. Leider kann in solchen Fällen die Blütenanzahl pro Trieb im Vergleich zu den Topfpflanzen leicht abnehmen.

Als Substrat verwendet man gewöhnliche Einheitserde. Grundlage für das Substrat bildet eine Drainageschicht aus Kies oder Tonscherben. Passionsblumen reagieren auf Staunässe mit Wurzelfäule. Deshalb sollten sie nie auf Vorrat gegossen werden, sondern täglich nach Bedarf.

Für ein gutes Wachstum benötigen die Passiflora-Arten viele Nährstoffe. In der Wachstumsperiode von März bis September werden die Pflanzen daher regelmäßig gedüngt. Empfehlenswert sind konzentrierte Flüssigpräperate verschiedener Hersteller, die leicht dosierbar mit dem Gießwasser verabreicht werden. Entscheidend ist hierbei nicht, ob der Dünger in schwacher Konzentration täglich oder entsprechend der Dosierungsanleitung des jeweiligen Düngers alle 1 bis 2 Wochen angewandt wird. Entscheidend ist vielmehr, daß die Düngergabe regelmäßig in den gleichen Zeitabständen

erfolgt, damit der Pflanze immer in ausreichender Menge Nährstoffe zur Verfügung stehen.
Wem das ständige Düngen auf die Dauer zu lästig wird, oder wer dazu neigt die Düngergabe hin und wieder zu vergessen, dem seien Depotdünger empfohlen. Hier reicht ein einmaliges Düngen im Frühjahr für eine komplette Wachstumsperiode aus. Bei der Auswahl des geeigneten Depotdüngers muß beachtet werden, daß seine Wirkung nur bis in den September anhält.
Die restliche Zeit des Jahres wird die Düngung stark reduziert. In der Zeit von Oktober bis Februar reicht die Gabe eines Grünpflanzendüngers alle sechs bis acht Wochen völlig aus.

Überwintert werden die Pflanzen so hell wie möglich, da sie in der Regel ihre Blätter behalten. Die Überwinterungstemperaturen der einzelnen Arten sind sehr unterschiedlich. Während einige Arten Frostgrade überstehen, tolerieren andere selbst im Winter keine Temperaturen unterhalb von 17° C. Der Großteil der Passionsblumen kann jedoch zwischen 10° C und 15° C problemlos überwintert werden.

Aus einer Blattachsel entwächst jeweils nur ein einziges Mal eine Blüte. Im Frühjahr werden die Pflanzen daher zurückgeschnitten, damit sie für den kommenden Sommer wieder neue, blühfähige Triebe ausbilden können. Wer aus Platzgründen den Rückschnitt schon im Herbst durchführen muß, sollte aufpassen, daß er seine Pflanze nicht zu stark stutzt. Der Neuaustrieb kann sonst im Winterquartier schon recht stark sein. Die während des Winters gebildeten Neutriebe sind oft schwach und weniger blühfreudig.

Gewächshauskultur

Für die Auswahl der Passiflora, die unter den Bedingungen im eigenen Gewächshaus gut gedeihen, ist die Überwinterungstemperatur der einzelnen Arten von größter Bedeutung. Andere Auswahlkriterien, wie z.B. Blütenfarbe, eßbare Früchte oder Wuchsform sollten zunächst nur eine untergeordnete Rolle spielen. Aufgrund ihrer ursprünglichen Heimat kommen tropische Passionsblumenarten mit den Bedingungen eines Warmhauses oder temperierten Hauses am besten zurecht.
Während der Sommermonate ist es zwar möglich selbst empfindliche Arten im Freiland zu halten, aber spätestens im Winter wird es problematisch. Kaum jemand kann im Winter den Ansprüchen dieser Pflanzen genügen.

Im Wohnhaus sind hohe Temperaturen mit entsprechender Luftfeuchtigkeit nicht zu realisieren. Besitzt man also kein Gewächshaus, in dem ganzjährig Temperaturen von über 17°C gewährleistet sind, sollte auf die empfindlichen und wärmebedürftigen Arten besser verzichtet werden.
Wer die Möglichkeit hat, sollte einen Teil seiner Passionsblumen im Gewächshaus frei auspflanzen. Hierbei ist zu beachten, daß sich das Erdreich bei einem unzureichend isolierten Gewächshaus im Winter zu stark abkühlen kann. Bei einer dauerhaften Bodentemperatur von weniger als 14° C ist für viele wärmeliebende Passionsblumen der kritische Punkt bereits erreicht. Kostengünstige Abhilfe schafft hier ein für den Einsatz im feuchten Milieu geeignetes Heizkabel.
Darüber hinaus halten wir es für unsere Pflicht, darauf hinzuweisen, daß frei ausgepflanzte Arten im Gewächshaus zu ungeahnter Größe heranwachsen können. Ein regelmäßiger Rückschnitt wird unerläßlich, da sich ein kleines Gewächshaus andernfalls schnell in ein undurchdringliches Dickicht verwandelt.
Bei allen Vorteilen, die ein Gewächshaus bietet, ist im Hochsommer jedoch Vorsicht geboten. Werden im Gewächshaus langfristig Temperaturen von über 45° C gemessen, verlangsamt sich das Wachstum und die Pflanzen stellen für mehrere Wochen die Blütenbildung ein.

Tab. 1 - Passiflora-Arten für die Gewächshauskultur

Kalthaus (mit Heizung) Minimum-Temperatur 5-7° C	Temperiertes Haus Minimum-Temperatur 10° C	Warmhaus Minimum-Temperatur 17° C
P. actinia	P. adenopoda	P. ambigua
P. ampullacea	P. alata	P. auriculata
P. caerulea	P. capsularis	P. cincinnata
P. incarnata	P. helleri	P. cirrhiflora
P. mixta	P. herbertiana	P. coccinea
P. mollissima	P. jorullensis	P. cuprea
P. pinnatistipula	P. maicaya	P. discophora
P. rubra	P. menispermifolia	P. glandulosa
P. suberosa; u.a.	P. morifolia	P. holosericea
	P. platyloba	P. laurifolia
	P. quadrangularis	P. macrophylla
	P. sanguinolenta	P. maliformis
	P. serratifolia	P. quadriglandulosa
	P. subpeltata	P. racemosa; u.a.
	P. trifasciata	
	P. vitifolia; u.a.	

Wintergartenkultur

Werden im Wintergarten auch an den kühlsten Tagen 10° C nicht unterschritten, stellt er neben dem Gewächshaus den idealen Überwinterungsraum für alle Passiflora dar, die den Sommer im Freiland verbracht haben. Selbst im Winter bietet ein geheizter Wintergarten den Pflanzen in ausreichender Menge Licht, Wärme und Luftfeuchtigkeit, so daß viele Passionsblumen munter weiterblühen.
Selbstverständlich kann ein Wintergarten für unterschiedliche Passiflora auch ganzjährig ein Zuhause darstellen. Ob frei ausgepflanzt oder im Topf, entwickeln sie sich schnell zu einem Blickfang.
Gegenüber einem Gewächshaus bietet der Wintergarten für die ganzjährige Passiflorakultur sowohl Vor- als auch Nachteile. Da der Wintergarten mit anderen Räumlichkeiten des Wohnhauses in Verbindung steht, ist er in der Lage, hohe Temperaturen besser zu kompensieren. Bei intensiver Sonneneinstrahlung erwärmt sich der Wintergarten nicht so stark wie ein ungeschütztes Gewächshaus. Es kommt somit zu keinem Entwicklungsstillstand bei den Passionsblumen.
Auf der anderen Seite kann die Luftfeuchtigkeit in einem Wintergarten nicht auf einem so hohen Niveau gehalten werden, wie dies in einem Gewächshaus möglich ist.
Welche Arten für den individuellen Wintergarten geeignet sind, ist zu einem großen Teil von der Minimumtemperatur abhängig. Da die Bedingungen in einem Gewächshaus und Wintergarten, wie oben bereits erwähnt, nicht identisch, in vielen Dingen aber ähnlich sind, möchten wir den Leser bitten, die entsprechenden Arten der Tabelle über Gewächshauskultur zu entnehmen (siehe Tab. 1 - Seite 17).

Kübelkultur

Mit Ausnahme der meisten Warmhaus-Arten (siehe Tab. 1) kann die Mehrzahl der Passionsblumen ab Mai im Freiland kultiviert werden.
Sobald die Temperaturen ständig oberhalb von 12° C liegen, werden die Pflanzen nach draußen gestellt. Sie bevorzugen - mit Ausnahme der Tacsonien - einen möglichst sonnigen und geschützten Standort. Passionsblumen im Kübel eignen sich hervorragend als Sicht- oder Sonnenschutz auf einer Terrasse oder einem Balkon. Innerhalb weniger Wochen ist eine Terrassenseite mit verschiedenen Arten zugerankt. Ab Juni erscheinen aus dem Pflanzengewirr heraus die ersten Blüten.

Wie lange die Pflanzen im Freiland bleiben können, ist von Art zu Art unterschiedlich. Die ersten kommen bereits Ende September, die robusteren Arten Anfang November in das Winterquartier. Dies kann ein heller, ungeheizter Raum im Wohnhaus sein. Wer die Möglichkeit hat, sollte jedoch den Wintergarten oder das heizbare Gewächshaus der eigenen Wohnung vorziehen.
Die Temperaturen sollten zwischen 5° C und 15° C liegen. - Die exakten Überwinterungstemperaturen der einzelnen Arten entnehmen Sie bitte der nachfolgenden Tabelle. -
Gerade im Wohnhaus, wo die Bedingungen für die Pflanzen im Winter nicht immer ideal sind, tauchen oft Schädlinge auf. Um dem Befall mit Schädlingen vorzubeugen, werden die Pflanzen regelmäßig mit Wasser besprüht. Abgefallenes Laub und verwelkte Blätter sind Brutstätten für Pilzkrankheiten oder Schädlinge und müssen daher in regelmäßigen Abständen entfernt werden.

Eine der beliebtesten Kübelpflanzen - *P. vitifolia*

Tab. 2 - Passiflora-Arten für die Kübelkultur

Arten	Überwinterungs-Temperatur	Blütenblätter	Strahlenkranz
P. actinia	7° C - 12° C	weiß	blau, weiß
P. adenopoda	10° C - 15° C	weiß	purpur, weiß
P. alata	10° C - 15° C	rot	purpur, weiß
P. alnifolia	7° C - 12° C	weiß	purpur, weiß
P. antioquiensis	5° C - 10° C	rosa - rot	violett
P. aurantia	10° C - 15° C	orange oder rot	purpur - rot
P. biflora	10° C - 15° C	gelb - weiß	gelb
P. caerulea	-15° C - 12° C	weiß	weiß, blau
P. capsularis	10° C - 15° C	weiß	weiß
P. cinnabarina	12° C - 17° C	rot	gelb oder weiß
P. citrina	10° C - 15° C	gelb	gelb
P. conzattiana	7° C - 12° C	grün - weiß	purpur, gelb
P. coriacea	10° C - 15° C	grün - gelb	gelb
P. costaricensis	12° C - 17° C	grün - weiß	weiß
P. cyanea	10° C - 15° C	weiß	blau, weiß
P. edulis	7° C - 12° C	weiß	purpur, weiß
P. foetida	10° C - 15° C	weiß oder rosa	weiß oder rosa
P. helleri	10° C - 15° C	weiß	grün, purpur
P. herbertiana	7° C - 12° C	gelb - orange	gelb
P. incarnata	-15° C - 12° C	hell violett	weiß, purpur-violett
P. indecora	7° C - 12° C	grün - weiß	weiß, purpur
P. jorullensis	10° C - 15° C	orange	orange - pink
P. ligularis	10° C - 15° C	weiß	weiß, purpur
P. lutea	-8° C - 12° C	grün - weiß	gelb - weiß
P. manicata	7° C - 12° C	rot	blau, weiß
P. membranacea	7° C - 12° C	grün	weiß
P. menispermifolia	12° C - 17° C	violett	purpur, weiß
P. morifolia	7° C - 12° C	weiß	purpur, weiß
P. narviculata	10° C - 15° C	weiß	weiß, violett
P. platyloba	10° C - 15° C	grün - purpur	weiß, purpur
P. perfoliata	12° C - 17° C	purpur - rot	gelb
P. rubra	7° C - 12° C	gelb - weiß	weiß, rosa
P. sanguinolenta	7° C - 12° C	rosa	weiß, rot
P. suberosa	5° C - 10° C	grün	grün, gelb
P. subpeltata	7° C - 12° C	weiß	weiß
P. trifasciata	10° C - 15° C	grün - weiß	weiß
P. umbilicata	7° C - 12° C	violett-blau	dunkel-violett, weiß
P. vitifolia	12° C - 17° C	rot	rot, weiß
u.a.			

Anmerkung: Weitere Arten für die Kübelkultur finden Sie unter dem Kapitel: "Kultur der Tacsonien".

Zimmerkultur

Für die Zimmerkultur sind solche Arten geeignet, die mit vergleichsweise wenig Platz auskommen und bereits an kurzen Trieben reichlich Blüten ansetzen. Wer also keinen Garten oder Balkon besitzt, kann verschiedene, unempfindliche Arten auf der Fensterbank kultivieren. Wichtig für die Blütenbildung ist ein möglichst heller Standort, ein nach Süden gerichtetes Fenster wäre ideal.
Leider befindet sich unter der Fensterbank in vielen Fällen die Heizung, was sich in den Wintermonaten negativ auf die Pflanzen auswirkt. Neben der unnatürlichen Hitze, die direkt über der Heizung entsteht, stellt die trockene Luft ein zusätzliches Problem dar.
Im Blumengeschäft erworbene Passionsblumen sind meist um einen runden Draht gezogen; dies entspricht nicht dem natürlichen Wachstum der Pflanzen. Deshalb sollten sie, sofern genügend Stellfläche vorhanden ist, aus diesem "Kreislauf" befreit werden. Geben Sie den Pflanzen die Möglichkeit, sich ihren Weg selbst zu suchen. Durch den Einsatz handelsüblicher Rankhilfen kann man die Pflanze mit "sanfter Gewalt" immer noch in die entsprechenden Bahnen lenken.
Verlieren einige Passionsblumen im Winter ihre Blätter, ist dies kein Grund zur Panik. Die Pflanzen treiben im Frühjahr wieder neu aus.

Tab. 3 - Passiflora Arten für die Zimmerkultur

Arten	Blütenblätter	Strahlenkranz	Blütendurchmesser
P. caerulea	weiß	weiß, blau	∅ bis 10 cm
P. capsularis	weiß	weiß	∅ bis 6 cm
P. citrina	gelb	gelb	∅ bis 7 cm
P. conzattiana	grün - weiß	purpur, gelb	∅ bis 2,5 cm
P. coriacea	grün - gelb	gelb	∅ bis 4 cm
P. foetida	weiß / rosa	weiß / rosa	∅ bis 6,5 cm
P. morifolia	weiß	purpur, weiß	∅ bis 4 cm
P. rubra	gelb - weiß	weiß, rosa	∅ bis 5,5 cm
P. sanguinolenta	rosa	rot, weiß	∅ bis 5 cm
P. suberosa	grün	grün, gelb	∅ bis 2,5 cm
P. trifasciata	weiß - gelb	weiß	∅ bis 5 cm
u.a.			

Freilandkultur

Da das oft mühsame Einräumen der Pflanzen im Herbst entfällt, erfreuen sich die winterharten Passionsblumen immer größerer Beliebtheit. Leider sind es nur sehr wenige Arten, die unter den in Deutschland üblichen Klimaverhältnissen im Freiland überwintert werden können. In England versucht man daher seit einigen Jahren, durch Kreuzungsversuche mit geeigneten Arten, weitere winterharte Hybriden zu züchten.
Obwohl die meisten Passiflora-Arten an ihren natürlichen Standorten durch Sträucher und Bäume ihren Weg zum Licht suchen, bieten neben Mauern, Pergolen und Zäunen, zahlreiche andere Plätze die Möglichkeit zur Anpflanzung von winterharten Passionsblumen. Wir möchten hier nur an Torbögen, Sichtschutzwände oder Lauben erinnern. Selbst Pfosten jeder Art können mit Passiflora begrünt werden, vorausgesetzt sie werden mit einem Klettergerüst umgeben. Der Einsatzmöglichkeit der Gattung Passiflora sind fast keine Grenzen gesetzt.
In allen Fällen müssen natürlich die Standortanforderungen der winterharten Passionsblumen beachtet werden. Voraussetzung für eine gute Entwicklung der Pflanzen ist die richtige Bodenbeschaffenheit. Es muß für guten Wasserabzug gesorgt werden, da die Pflanzen sonst nach tagelangem Dauerregen an Wurzelfäule zu Grunde gehen würden. Das Erdreich sollte zunächst zwei Spatenstich tief ausgehoben und mit Sand oder feinem Kies durchmischt werden, ehe man die Passionsblumen dort auspflanzt.
Im Winter werden die Pflanzen mit Laub, Stroh und Tannenzweigen geschützt. Sinken die Temperaturen unterhalb von -10° C ab, sollten die Pflanzen vorsichtshalber mit Luftpolsterfolie umwickelt werden.

Tab. 4 -
Passiflora-Arten und -Hybriden für die ganzjährige Freilandkultur

Arten	Minimumtemperatur	Blütenblätter	Strahlenkranz
P. caerulea	-15° C	weiß	weiß, blau
P. caerulea 'Constance Elliott'	-15° C	weiß	weiß
P. incarnata	-15° C	hell violett	weiß, purpur-violett
P. 'Incense'	- 8° C	hell violett	weiß, violett
P. lutea	-10° C	grün - weiß	gelb, weiß
u.a.			

Kultur der Tacsonien

Ohne Zweifel gehören die etwa 35 Passionsblumen der Untergattung Tacsonia zu den prächtigsten und großblütigsten Arten. Schon auf den ersten Blick unterscheiden sich ihre Blüten von denen fast aller übrigen Passifloren dadurch, daß die Blütenblätter auf einer oft bis zu 10 cm langen Blütenröhre (Hypanthium) emporgehoben sind. Die Krone ist meist kräftig rosa, rot oder violett (bei *P. ampullacea* trüb grünlich) gefärbt. Da die Blüten zudem bei den meisten Arten wie Lampenschirme an langen, dünnen Stielen herabhängen (Ausnahme: *P. mixta*), wirken blühende Tacsonien unvergleichlich edel.
Das Verbreitungsgebiet der Untergattung Tacsonia erstreckt sich von Venezuela über Kolumbien, Ecuador und Peru bis Bolivien. Die Pflanzen wachsen dort in den Hochlagen von 2.000 bis 4.000 m, wo Nebel, Niesel- und Dauerregen sowie nächtliche Abkühlung auf 5° C - 10° C vorherrschen.
Angepaßt an die Witterung der Hochlagen Südamerikas, vertragen sie auch im Sommer nur mäßige Temperaturen bei gleichzeitig hoher Luftfeuchtigkeit. Ihre Kultur ist aus diesem Grunde recht kompliziert. Die besten Erfahrungen haben wir damit gemacht, die Pflanzen den Sommer über auf dem Balkon oder der Terrasse in halbschattiger Lage zu kultivieren. Ein für unsere Begriffe schlechter Sommer, wie es 1993 mit viel Regen und Temperaturen von 20° C bis 25° C der Fall war, ist für die Pflanzen ideal. Sind diese Bedingungen gegeben, erscheinen im Spätsommer zahlreiche Blüten.

Tab. 5 - Tacsonien

Arten	Blütenblätter	Strahlenkranz	Blütendurchmesser
P. ampullacea	gelb - grün	0,1 cm; purpur	4 - 6 cm
P. coactilis	rosa - purpur	bis 0,5 cm	11 - 16 cm
P. cumbalensis	rosa - violett	0,1 cm; rosa, weiß	8 - 10 cm
P. insignis	rosa - rot	bis 1,2 cm; weiß, blau	14 - 18 cm
P. jamesonii	rosa - rot	bis 1,3 cm; purpur	10 - 12 cm
P. loxensis	purpur	0,1 cm	9 - 12 cm
P. matthewsii	rosa	0,1 cm; purpur, weiß	5 - 6 cm
P. mixta	rosa	0,1 cm; weiß	5 - 9 cm
P. mollissima	rosa	0,1 cm; purpur, rosa	6 - 9 cm
P. pinnatistipula	purpur - violett	bis 1,7 cm; purpur	6 - 10 cm
P. zamorana	violett	0,1 cm	6 - 7 cm
u.a.			

Die Tacsonien sind äußerst starkwüchsig und benötigen daher große Töpfe, viele Nährstoffe und reichlich Wasser. Wer die Gelegenheit hat, sollte seine Tacsonia-Arten den Sommer über frei auspflanzen.

Im Frühjahr werden in den Pflanzkübel vier bis sechs daumendicke Löcher geschnitten und dieser anschließend im Erdreich versenkt. Die Wurzeln können sich nun mit zunehmendem Wachstum immer weiter außerhalb des Topfes ausbreiten. Durch lichte Bäume oder Sträucher vor zu viel Sonne geschützt, können sich die Tacsonia-Arten so in ein Blütenmeer verwandeln. Holt man die Pflanze in das Winterquartier, werden die Wurzeln, die aus dem Pflanzkübel herausragen, einfach abgeschnitten.

Überwintert werden die Pflanzen so hell wie nur möglich bei einer Temperatur von 5° C bis 10° C. Kurze Frostperioden werden ohne größere Probleme überstanden.

Die Kultur der Tacsonien erfordert also etwas Aufwand, und sicher sind die starkwüchsigen Pflanzen keine idealen Topfblumen. Trotzdem sollte die Kultur dieser Pflanzen mit ihren unvergleichlichen Blüten eine Herausforderung für jeden Passionsblumenfreund darstellen.

Stück eines Blütenzweiges von *P. mollissima*

Passionsfrüchte

Es gibt etwa 60 Passiflora-Arten, die eßbare Früchte hervorbringen, aber nur rund ein Viertel davon wird allein ihrer Früchte wegen angebaut. Wirtschaftliche Bedeutung haben bis heute lediglich fünf oder sechs Arten erlangt.
Die jährlichen Hektarerträge einer professionellen Passiflora-Pflanzung betragen zwischen 30 und 40 Tonnen. Entlang eines bis zu 2 m hohen Drahtseiles werden die Haupttriebe der Pflanzen gezogen. Aus diesen Haupttrieben entwachsen dann die Nebentriebe, die zusammen mit den Früchten nach unten hängen. Diese Kultivierungsmethode in den Plantagen widerspricht dem natürlichen Wachstumsdrang der Passionsblumen. Obwohl die Kletterpflanzen Jahrzehnte alt werden, und die Stämme teilweise einen Durchmesser von 5-6 cm und mehr erreichen können, beträgt die rentable Lebensdauer einer kommerziellen Pflanzung kaum mehr als drei bis vier Jahre.

Eßbare Früchte aus eigener Ernte sind unter unseren Klimabedingungen oft nur im Gewächshaus oder Wintergarten zu erwarten. Dazu ist es notwendig, die Blüten mit der Hand zu bestäuben, da unter Glas Bestäuberinsekten fehlen. Mit Daumen und Zeigefinger bricht man vorsichtig eine Anthere aus der Blüte heraus und streift den Pollen auf der Narbe einer anderen Blüte ab. Mit Ausnahme weniger Arten und Kultursorten, die mit sich selbst befruchtet werden können, benötigt man für die Fruchtbildung Blüten von zwei genetisch unterschiedlichen Pflanzen der gleichen Art. Zwischen unterschiedlichen Passiflora-Arten, die zwangsläufig verschiedenartige Gene besitzen, ist ebenfalls eine Bestäubung möglich (siehe Kapitel über Hybriden).

Die Früchte dieser Gattung sind von unterschiedlicher Größe und Gestalt. Während die kleinsten kaum größer als eine Erbse sind, erreicht die Frucht von *P. quadrangularis* nicht selten einen Durchmesser von bis zu 15 cm. Die Färbung reicht von grün über gelb, orange, rot, braun bis dunkelblau oder schwarz. Ihren Namen verdanken viele Passionsfrüchte übrigens ihrer Ähnlichkeit mit dem Granatapfel. Die spanischen Eroberer Südamerikas gaben den Früchten daher den Namen Granadilla, was soviel wie kleiner Granatapfel heißt.
Von einigen Arten werden die Früchte nach Europa und Deutschland exportiert und in den Obstabteilungen regelmäßig angeboten. Die bekanntesten Passionsfrüchte möchten wir im folgenden kurz vorstellen.

Purpurgranadilla (rote Passionsfrucht), **P. edulis forma edulis**

Die Früchte von *P. edulis* forma *edulis* sind wohl die bekanntesten dieser Gattung in Europa. Außerhalb ihrer ursprünglichen Heimat, Brasilien, wird diese Varietät in Australien, in Kenia, auf Neuguinea und in Südafrika in größerem Umfang angebaut.
Die hühnereigroßen, purpurfarbenen bis braun - violetten Früchte erreichen ein durchschnittliches Gewicht von 35 g. Sie haben eine glatte, lederige Schale, die bereits nach einigen Tagen Lagerung zu schrumpeln beginnt.
Viele Fertigprodukte werden mittlerweile aus den Früchten dieser Art hergestellt. Es sind dies im wesentlichen Multi-Vitamin-Säfte, Liköre, Joghurt, Eiscreme und Konfitüren.
Darüber hinaus eignet sich die Frucht besonders zum Rohverzehr. Sie wird dazu halbiert und das erfrischende Fruchtfleisch direkt aus der Schale gelöffelt. Die zahlreichen Kerne können mitgegessen werden. Zur Verfeinerung von Obstsalaten, Eis oder anderen Süßspeisen kann das Fruchtfleisch ebenfalls verwandt werden. Der Geschmack ist weinsäuerlich mit einem aprikosenähnlichen exotischen Aroma.

Maracuja (Gelbe Passionsfrucht), **P. edulis forma flavicarpa**

P. edulis wird im wesentlichen in zwei Varietäten angebaut. Neben der oben beschriebenen *P. edulis* forma *edulis* ist dies *P. edulis* forma *flavicarpa*, die gelbe Passionsfrucht, mit höheren Erträgen, attraktiveren Blüten und besserer Resistenz gegen Schädlinge. In Brasilien, Kolumbien und Peru befinden sich die größten Anbauflächen.
Neben der reinen Form finden sich in vielen Anbauländern auch Kreuzungen beider, die unterschiedliche Eigenschaften der purpurfarbenen und gelben Passionsfrucht in sich vereinen.
Die zitronengelben, ovalen bis eiförmigen Früchte erreichen eine Länge von 8,5 cm und sind damit größer als die der Purpurgranadilla. Ihr durchschnittliches Gewicht beträgt um 90 g. Der innere, eßbare Teil der Frucht besteht aus einem geleeartigen Arillusgewebe, in dem sich zahlreiche bräunliche Samen befinden. Der Geschmack und die Verwendungsmöglichkeiten beider Varietäten sind ähnlich. Ein Großteil der Früchte wird für die Saftherstellung verwandt.

Granadilla (Süße Passionsfrucht), **P. ligularis**

Ähnlich wie *P. edulis* wird *P. ligularis* in verschiedenen Erdteilen als Nutzpflanze angebaut. Neben ihrem ursprünglichen Verbreitungsgebiet, dem nördlichen Teil Südamerikas, wo sie in einzelnen Regionen in geringem Umfang angebaut wird, findet man auf Hawaii und in Kenia größere Plantagen vor. Die apfelgroßen, bräunlich-orangenen Früchte ähneln mit ihrem Geschmack einer säurearmen Stachelbeere. Ihr durchschnittliches Gewicht beträgt 45 g. Trotz ihrer harten Schale hält sich die Frucht, entgegen der allgemeinen Annahme, nicht allzu lange und sollte daher schnell verzehrt werden.

Badea (Riesengranadilla), **P. quadrangularis**

Die Anbaugebiete der mit einer Länge von bis zu 30 cm größten Passionsfrucht verteilen sich auf das Andengebiet Südamerikas, auf weite Teile des fernen Ostens sowie Australien. Das Gewicht einer solchen Frucht beträgt nicht selten 2-3 kg.
Vergleichbar mit *P. edulis* gibt es bei *P. quadrangularis* auch verschiedene Varietäten, die sich in Qualität und Geschmack der Früchte voneinander unterscheiden. Insgesamt bleibt ihr Geschmack aber deutlich hinter den Früchten der anderen Arten zurück.
Neben dem mit vielen Kernen durchsetzten Fruchtfleisch können auch die wulstigen Fruchtwände mitgegessen werden, ein - wie wir zugeben müssen - eher zweifelhafter Genuß.

Curuba (Bananen-Passionsfrucht), **P. mollissima**

Ihren deutschen Namen hat sie nicht etwa ihres Geschmackes wegen, sondern auf Grund ihrer länglichen, bananenähnlichen Gestalt. Diese grünlichgelbe Passionsfrucht erfreut sich in ihrer Heimat, den kühlen Hochlagen der Anden großer Beliebtheit. In Kolumbien genießt *P. mollissima* sogar den Status einer Nationalfrucht. Außerhalb ihres Verbreitungsgebietes besitzt die Frucht wenig Bedeutung.
Das orangene, leicht säuerliche Fruchtfleisch ist von festerer Konsistenz als bei den übrigen, hier beschriebenen Früchten. Man genießt es am besten leicht gesüßt oder zusammen mit Eiscreme. In Deutschland werden die Früchte nur gelegentlich angeboten, da sie nur kurze Zeit haltbar sind.

Tab. 6 - Passiflora-Arten mit eßbaren Früchten

Arten	Blütenfarbe	Früchte
P. alata	rot; purpur, weiß	eiförmig, gelb - orange ausreifend, Länge bis 15 cm, ∅ bis 10 cm
P. ambigua	weiß, blau	eiförmig, grünlich - gelb ausreifend, Länge bis 12 cm, ∅ bis 6 cm
P. ampullacea	gelb - grün	eiförmig, flaumig behaart, Länge 5-10 cm, ∅ bis 5 cm
P. coccinea	rot	eiförmig oder fast rund, orange - gelb ausreifend, Länge bis 7 cm, ∅ bis 5 cm
P. cumbalensis	rosa - violett	länglich-eiförmig, gelb ausreifend, Länge bis 10 cm, ∅ bis 3,5 cm
P. edulis	purpur, weiß	eiförmig oder rund, purpur (var. edulis) oder gelb (var. flavicarpa), ∅ 4-6 cm
P. incarnata	violett, purpur, weiß	eiförmig, grünlich - gelb ausreifend, Länge bis 6 cm, ∅ 3-5 cm
P. laurifolia	purpur, violett, rot	eiförmig, orange - gelb ausreifend, Länge bis 8 cm, ∅ bis 4 cm
P. ligularis	weiß, purpur	eiförmig bis fast rund, orange - gelb ausreifend, Länge bis 8 cm, ∅ bis 6 cm
P. maliformis	purpur, weiß	rundlich, gelblich ausreifend, sehr harte Schale, ∅ 3-5 cm
P. mixta	rosa	länglich-eiförmig, gelb-grün ausreifend, Länge bis 7,5 cm, ∅ 2,5 cm
P. mollissima	rosa	länglich-eiförmig, gelb ausreifend, Länge bis 10 cm, ∅ bis 3,5 cm
P. pinnatistipula	purpur - violett	eiförmig, flaumig behaart, Länge bis 6 cm, ∅ bis 4 cm
P. quadrangularis	rot, purpur, weiß	länglich-eiförmig, grün - orange ausreifend, Länge bis 30 cm, ∅ bis 15 cm
P. vitifolia	rot	eiförmig, teilweise flaumig behaart, Länge bis 6 cm, ∅ bis 4 cm
u.a.		

Vermehrung

Vermehrung durch Aussaat

Aus dem Samen der im Handel erhältlichen Früchte können leicht neue Pflanzen gezogen werden. An die Samen anderer Arten zu kommen, ist für den Anfänger nicht ganz einfach. Mit einer netten Anfrage beim nächstgelegenen Botanischen Garten hat man oft Erfolg. Leider haben die Botanischen Gärten wegen des großen Platzbedarfes der Passionsblumen immer nur wenige Arten in Kultur. Meist erhält man dann einige Samenkörner von *P. quadrangularis, P. foetida, P. capsularis* u.a. Nur über den Kontakt zu anderen Passiflora-Liebhabern bekommt man Saatgut seltener Arten.

Die Samen benötigen zur Keimung eine Bodenwärme von 25° C bei entsprechend hoher Luftfeuchtigkeit. Während unempfindliche Arten, wie z.B. *P. caerulea* auch unter schlechteren Bedingungen keimen, gelingt die Anzucht empfindlicher Arten nur in einem heizbaren Zimmergewächshaus.
Damit die Keimlinge gut und schnell heranwachsen können, benötigen sie eine Tageslänge von mindestens 12 Stunden. Erfolgt die Aussaat in den Wintermonaten, ist der Einsatz von künstlichem Pflanzenlicht erforderlich.
Die besten Ergebnisse werden mit frischen Samen erzielt. Ältere Samen verhalten sich völlig unterschiedlich. Landwirtschaftliche Versuche mit *P. mollissima* zeigten interessante Ergebnisse. Während einige Monate alte Samen - wenn überhaupt - nach langer Zeit keimen, ist die Keimfähigkeit nach einjähriger Lagerung wieder recht gut. Will man sich auf kein Lotteriespiel einlassen, verwendet man möglichst frischen Samen.
Das Fruchtfleisch wird vollständig von den Samenkörnern entfernt, was eine recht mühevolle Arbeit ist. Anschließend gibt man die Samen in eine 24° C - 28° C warme Chinosollösung. Bei Chinosol handelt es sich um ein pflanzenverträgliches Desinfektionsmittel, das in allen Apotheken erhältlich ist. In dieser Lösung werden die Samen mindestens 24 Stunden eingeweicht. Wichtig ist, daß die Temperatur während der gesamten Zeit in etwa gleichbleibt. Um dies zu gewährleisten, kann die Lösung zusammen mit den Samenkörnern in eine Thermoskanne gegeben werden.

Das Substrat sollte keimfrei und möglichst nährstoffarm sein. Wir haben die besten Erfahrungen mit handelsüblicher Anzuchterde gemacht, die wir zuvor vorsichtshalber 20 Minuten bei 180° C im Backofen sterilisiert haben. Auf diese Art und Weise ist gewährleistet, daß sich keine schädlichen Keime mehr in der Erde befinden.

Die Samen werden ein wenig mit Erdreich bedeckt und leicht angedrückt. Je nach Art und Alter der Samenkörner erfolgt die Keimung nach 10-21 Tagen. In seltenen Fällen erscheinen nach Monaten die ersten Keime. Man sollte daher nie die Geduld verlieren, selbst wenn sich nach sechs Wochen noch kein Pflänzchen blicken läßt.
Um die gefürchtete Umfallkrankheit von Sämlingen zu verhindern, werden sie regelmäßig mit Chinosol begossen oder besprüht. Die Pflänzchen verbleiben im Anzuchtgewächshaus bis sie eine Höhe von ca. 4-5 cm erreicht haben. Sie werden nun vorsichtig, ohne die zarten Wurzeln zu verletzen, in kleine Blumentöpfe gepflanzt. Anfänglich werden die Jungpflanzen noch mehrmals täglich mit Wasser besprüht, um ihnen den Übergang von dem Zimmergewächshaus in die neue Umgebung zu erleichtern. Nach etwa einem halbem Jahr erscheinen bei den unempfindlichen Arten, wie z.B. *P. morifolia*, bereits die ersten Blüten. Teilweise kann es aber viele Jahre dauern, ehe sich die erste Blüte zeigt. In seltenen Fällen kommt es leider vor, daß Sämlingspflanzen trotz guter Pflege selbst nach mehrjähriger Kultur nicht blühen. Diese Gefahr besteht bei einer Vermehrung durch Stecklinge nicht.

Stecklingsvermehrung

Von blühreifen Trieben werden ca. 15-20 cm lange Stücke abgeschnitten. Sowohl die Triebspitze, als auch die Sproßranken werden entfernt. Man erhält ein Triebmittelstück, das 3-4 Blätter besitzen soll. Die Blätter werden auf die Hälfte der ursprünglichen Größe gekürzt. Auf diese Art und Weise wird die Verdunstung durch die Blätter reduziert, und der Steckling kann seine Kraft vermehrt auf die Bildung neuer Wurzeln lenken.
Die Triebmittelstücke werden in keimfreies, nährstoffarmes Substrat gesteckt. Ein empfehlenswertes Pflanzsubstrat ist beispielsweise Perlite, das es in Baumärkten zu kaufen gibt.
Jeder Passiflorenliebhaber hat jedoch sein Spezialrezept. Wir geben in ein Anzuchtgewächshaus zuerst eine 3-4 cm dicke Schicht Anzuchterde und stellen darauf gewöhnliche Torfquelltöpfchen. Einigen der über 400 Arten wird nachgesagt, daß sie saure Erde nicht vertragen. Trotzdem haben wir mit den Torfquelltöpfchen bisher nur gute Erfahrungen gemacht. Ohne den Steckling aus dem Substrat ziehen zu müssen, erkennt man, ob er bereits bewurzelt ist. Erscheinen die ersten Wurzeln, wird der Steckling samt

Torfquelltöpfchen in handelsübliche Einheitserde verpflanzt. Die jungen, zerbrechlichen Wurzeln nehmen dabei keinen Schaden.
Eine weitere Alternative ist das grüne Steckmoos, was gewöhnlich für Blumengestecke verwandt wird. Es bietet die gleichen Vorteile wie die Torfquelltöpfchen.

Passionsblumen benötigen in der Regel zum Bewurzeln eine Bodentemperatur um 25° C. Lediglich die Tacsonia-Arten bevorzugen es etwas kühler bei 20° C. Gleichzeitig ist für eine gleichbleibend hohe Luftfeuchtigkeit zu sorgen. Ein ausgedientes Aquarium leistet hier gute Dienste. Auf eine Heizmatte gestellt, bietet es den Stecklingen ideale Bedingungen. Mit den Neonröhren in der Abdeckung kann gegebenenfalls für zusätzliches Licht gesorgt werden. Selbstverständlich sind auch heizbare Zimmergewächshäuser geeignet. Leider sind sie oft nur von geringer Höhe, so daß lediglich kleine Stecklinge untergebracht werden können.
Unter den Bedingungen im Anzuchtgewächshaus können schnell Schimmelpilze entstehen. Abgefallene Blätter und verfaulte Stecklinge müssen daher regelmäßig entfernt werden. Es empfiehlt sich, die Stecklinge mit Chinosollösung zu besprühen. Sie wirkt gegen den Befall mit Schimmelpilzen.

Stecklingsvermehrung

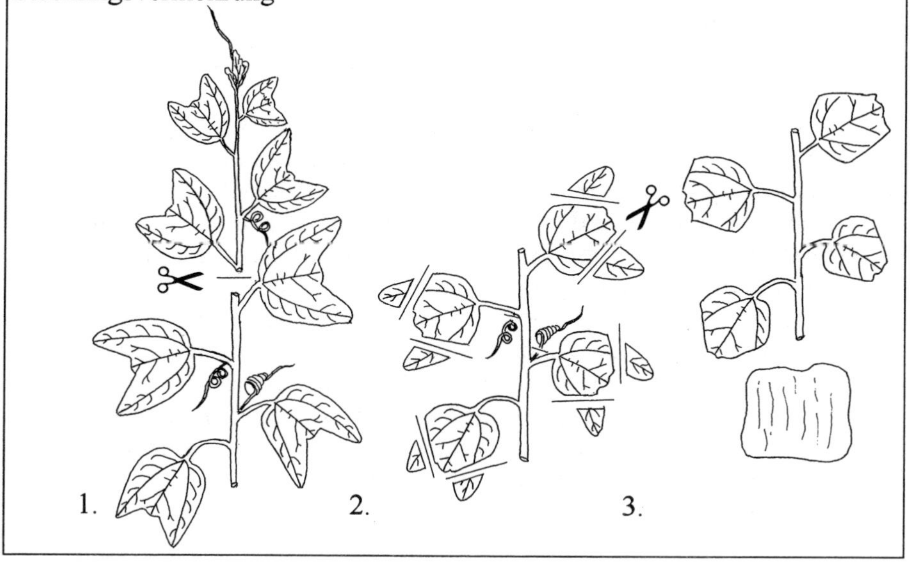

Wichtig ist, daß die Stecklinge möglichst hell stehen. Direkte Sonneneinstrahlung ist jedoch zu vermeiden; besonders im Sommer würde sich das kleine Anzuchtgefäß sonst zu stark erhitzen.
Der Einsatz von Hormonen beschleunigt die Wurzelbildung kaum, so daß wir inzwischen völlig darauf verzichten. Zum einen spart man Geld, zum anderen muß nicht immer die Bodentemperatur kontrolliert werden. Bei der Verwendung von Bewurzelungshormonen darf die Temperatur nicht über 25° C ansteigen.
Während es in der Zeit von April bis September nur 2 bis 5 Wochen dauert ehe die Triebe bewurzeln, bleibt eine Bewurzelung im Winter oft erfolglos.
Stecklinge werden in Liebhaberkreisen gerne verschickt. Mit einem feuchten Tuch umwickelt, können sie in einer Plastiktüte einige Tage unbeschadet überstehen.
Fehlt bei den zugesandten Stecklingen einmal die Triebspitze, verliert man leicht die Orientierung. Eine Hilfe bieten die Sproßranken; sie entstehen immer oberhalb des Blattstiels und zeigen somit an, wie herum der Steckling in das Substrat gehört.

Vermehrung durch Absenker

Erfahrungsgemäß bewurzeln Stecklinge verschiedener Passionsblumen schlecht oder nur sehr langsam, z.B. *P. cinnabarina, P. herbertiana, P. racemosa* und *P. umbilicata*. Für diese Arten empfiehlt sich eine Vermehrung durch Absenker.
An leicht biegsamen, noch nicht stark verholzten Trieben entfernt man an einem Nodium die Blätter. An dieser Stelle wird auf einer Länge von 1 cm die Rinde an einer Seite des Stengels mit einem scharfen Messer entfernt.
Anschließend biegt man diesen Pflanzentrieb herunter und versenkt die behandelte Stelle bogenförmig ca. 5 cm tief im Erdreich. Bei entsprechend langen Trieben kann man dies mehrmals hintereinander wiederholen. Diese Methode kann ebenfalls im Gewächshaus mit Blumentöpfen durchgeführt werden. Eine Bewurzelung ist nur bei ausreichender Bodenfeuchtigkeit und entsprechender Temperatur (zwischen 20° C und 25° C) zu erwarten.
Damit der Trieb nicht zurückschwingt, muß er ggf. verankert werden. Nach etwa 3-6 Wochen haben sich genügend Wurzeln gebildet, so daß der Trieb von der Mutterpflanze abgetrennt werden kann.

P. 'Adularia` (s. Seite 112)

P. alata (s. Seite 66)

P. x allardii (s. Seite 113)

P. 'Amethyst` (s. Seite 68)

P. amethystina (s. Seite 68)

P. aurantia (s. Seite 69)

P. x belottii (s. Seite 114)

P. biflora (s. Seite 71)

P. caerulea (s. Seite 72)

P. caerulea 'Constance Elliott` (s. Seite 73)

P. cincinnata (s. Seite 74)

P. cinnabarina (s. Seite 75)

P. citrina (s. Seite 75)

P. coccinea (s. Seite 77)

P. edulis forma *flavicarpa* (s. Seite 83)

P. edulis (s. Seite 83)

P. x exoniensis (s. Seite 115)

P. herbertiana (s. Seite 87)

P. holosericea (s. Seite 88)

P. maliformis (s. Seite 94)

P. menispermifolia (s. Seite 95)

P. mixta (s. Seite 96)

P. mollissima (s. Seite 97)

P. quadrangularis (s. Seite 100)

P. racemosa (s. Seite 102)

P. rubra (s. Seite 103)

P. sanguinolenta (s. Seite 103)

P. serratifolia (s. Seite 104)

P. suberosa (s. Seite 105)

P. subpeltata (s. Seite 106)

P. 'Sunburst` (s. Seite 117)

P. x violacea (s. Seite 118)

P. vitifolia (s. Seite 108)

P. alata (s. Seite 66)

P. mollissima, P. caerulea, P. suberosa, P. ligularis,
P. edulis forma *edulis, P. rubra*
von links nach rechts (von oben nach unten - s. Seite 25)

P. ligularis, P. subpeltata, P. cincinnata, P. guatemalensis, P. sanguinolenta, P. umbilicata, P. mixta, P. perfoliata, P. discophora, P. morifolia, P. helleri, P. cyanea
von links nach rechts (von oben nach unten - s. Seite 8 unten)

Artenbeschreibung

P. actinia Hook. Bot. Mag. 69 (1843)

P. actinia zählt zu den empfehlenswerten Passiflora-Arten. Diese relativ pflegeleichte Art bringt wunderschöne, bis zu 9 cm große, Blüten hervor. Trotzdem zählt *P. actinia* nicht zu den absoluten Anfängerpflanzen und wird daher meist nur in größeren Passiflora-Sammlungen gepflegt.
Die weißen Blütenblätter treten gegenüber dem purpur-blau gebändertem Strahlenkranz in den Hintergrund.
Ihre ungelappten Blätter erreichen eine Länge von 3-11 cm.
P. actinia ist gut als Kübelpflanze zu halten und toleriert als mehrjährige Pflanze kurzfristig leichten Frost. Während der Wintermonate sollte die Temperatur zwischen 7° C und 12° C liegen.

Untergattung:	Passiflora
Stengel:	dünn, fast zylindrisch
Blattstiel:	0,5-5 cm; 4 Drüsen
Nebenblätter:	1-4 x 0,5-2 cm
Blätter:	3-11 x 2-8 cm
Blütenstiel:	1,5-3 cm
Strahlenkranz:	4- bis 5-reihig

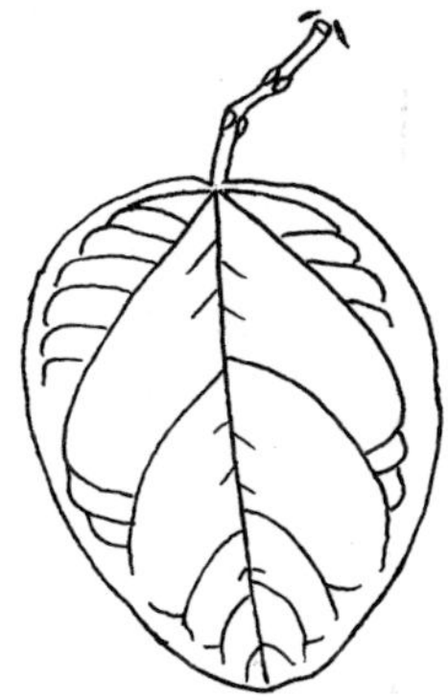

P. actinia

P. adenopoda D.C. Prodr. 3:330 (1828)

Eine verhältnismäßig wenig bekannte und verbreitete Art ist *P. adenopoda*. Dies mag wohl daran liegen, daß diese Art ziemlich blühfaul ist. Oft landet eine solche Pflanze nach einigen blühlosen Jahren auf dem Kompost, um für neue Arten Platz zu machen. Die 7-12 cm langen Blätter sind meist 5- oder seltener 3-gelappt.

Untergattung:	Plectostemma
Stengel:	unbehaart oder borstig
Blattstiel:	2,5-6 cm; 2 Drüsen
Nebenblätter:	1-1,5 x 2 cm
Blätter:	7-12,5 x 7,5-15 cm
Blütenstiel:	einzeln/paarweise, 2,5 cm
Strahlenkranz:	einreihig

Mit ihren Haaren bleiben die Blätter überall hängen und können schnell lästig werden, wenn sie sich in der Kleidung verfangen. Die dichte, hakenförmige Blattbehaarung bewahrt *P. adenopoda* in der Natur vor größeren Verletzungen durch Raupenfraß. Die borstigen Heliconius-Raupen verfangen sich in dem Haarkleid der Blätter. Bei den Befreiungsversuchen kommt es schnell zu Verletzungen, die zum Tode der Raupen führen können.
Die rosa weißen Blüten haben einen Durchmesser von bis zu 7 cm.

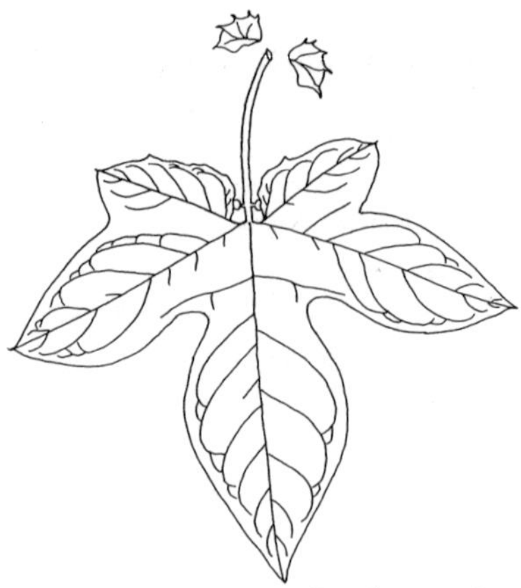
P. adenopoda

P. alata Dyrand.

Bot. Mag. 1 (1781)

P. alata kann auf den ersten Blick leicht mit *P. quadrangularis* verwechselt werden. Bei genauerem Hinsehen fallen jedoch einige Unterschiede auf. Die Blätter von *P. alata* sind kleiner und rundlicher, die Blattstiele mit nur 2-4 Drüsen versehen. - Im Gegensatz dazu weist *P. quadrangularis* bis zu 6 Nektardrüsen auf. - Die dunkelroten Blütenblätter bilden den Hintergrund für den purpur und weiß gebänderten Strahlenkranz, der an der Spitze gebogen ist. Die Blüte duftet stark und ist mit einem Durchmesser von 10-12 cm etwas kleiner als die Blüte von *P. quadrangularis*.

Untergattung:	Passiflora
Stengel:	4-eckig mit Flügeln
Blattstiel:	2,5-4,5 cm, 2-4 Drüsen
Nebenblätter:	1-2 x 0,3-1 cm
Blätter:	8-18 x 7-12 cm
Blütenstiel:	einzeln; 1,5-5 cm
Strahlenkranz:	4-reihig

Die in Brasilien und Peru beheimatete *P. alata* toleriert Temperaturen bis 5° C, an sonnigen Standorten blüht sie auch im Freiland. Ihre ganze Schönheit offenbart diese Art jedoch nur im ganzjährig heizbarem Gewächshaus. Wer die Pflanze in den Gewächshäusern des Dortmunder Rombergparks gesehen hat, weiß was wir meinen.

P. alata

P. alnifolia Kunth in H.B.K. Nov. Gen. Sp. 2: 136 (1817)

Diese in Liebhaberkreisen bisher wenig verbreitete Art stammt aus Ecuador und Kolumbien. Nur wenige haben die weißen Blütenblätter mit bräunlich-violettem Strahlenkranz bisher zu Gesicht bekommen. Teilweise sind die Sepalen und Petalen zur Blütenmitte hin leicht violett gefärbt. Der Blütendurchmesser beträgt etwa 3,5-5 cm. Ihre Blätter sind 2- seltener 3-gelappt.

Die Kultur dieser Art ist nicht komplizierter als die anderer Hochlandarten. Den Sommer verbringt *P. alnifolia* im Freiland. Der Standort sollte so gewählt sein, daß die Pflanze langfristig keinen Temperaturen von über 30° C ausgesetzt wird.

Untergattung:	Plectostemma
Stengel:	fast 3-eckig
Blattstiel:	0,5-3 cm; ohne Drüsen
Nebenblätter:	bis 0,7 cm, strichförmig
Blätter:	2,5-10,6 x 1,5 x 8,3 cm
Blütenstiel:	einzeln/paarweise, 2-4,5 cm
Strahlenkranz:	2-reihig

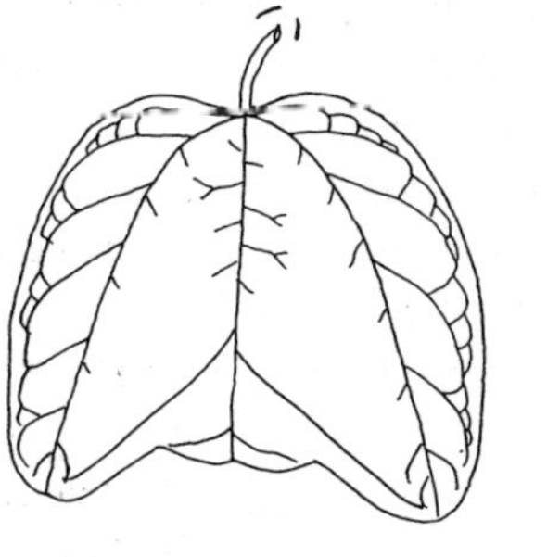

P. alnifolia

P. amethystina Mikan

Delect. Fl. Faun. Bras. Fasc. 4 (1825)

Erst seit kurzer Zeit ist die echte botanische Form *P. amethystina* wieder im Handel. Diese wunderschöne Passionsblume bringt selbst in einem kleinen Topf zahlreiche bläulich-violette, 6 bis 8 cm große Blüten hervor. Die Corona ist an der Basis zunächst dunkelpurpur, in der Mitte weiß mit etwas blau-violett und an der Spitze purpur-violett gefärbt.

Mit Hilfe ihres Strahlenkranzes und den bis zu 3 cm langen Dornen an den Spitzen der Sepalen kann *P. amethystina* leicht von der weitaus häufiger anzutreffenden Hybride, P. ´Amethyst`, unterschieden werden. Bei P. ´Amethyst` findet sich keine deutliche Aufteilung der Corona in drei etwa gleichgroße Farbzonen. Ebenso fehlen die Dornen an den Sepalen.

Leider handelt es sich bei P. ´Amethyst` um einen Halbwaisen, da mit *P. amethystina* nur ein Elternteil der Kreuzung bekannt ist. Wahrscheinlich hat sich die aus Brasilien stammende *P. amethystina* seit ihrer Einführung Mitte des letzten Jahrhunderts selbständig hybridisiert.

Die auffälligen Blüten von *P. ´Amethyst`* sind purpur-blau bis blau-violett. Sie können einen Durchmesser von bis zu 10 cm erreichen. Die 5-8 cm langen Blätter sind 3-gelappt.

*P. ´Amethyst`* ist eine empfehlenswerte Kübelpflanze. Neben *P. caerulea* ist sie eine der dankbarsten Passionsblumen. Im Gegensatz zur recht wärmeliebenden *P. amethystina* holt man P. ´Amethyst` gewöhnlich erst vor dem ersten Frost in das Winterquartier.

P. amethystina

Untergattung:	Passiflora
Stengel:	schlank, zylindrisch
Blattstiel:	2-4,5 cm; 5-8 Drüsen
Nebenblätter:	0,5-1 x 0,2-0,4 cm
Blätter:	4,5-7,5 x 8-12 cm
Blütenstiel:	2,5-5 cm
Strahlenkranz:	4- bis 5-reihig

P. ´Amethyst`

Hybride:	*P. amethystina* x ?
Stengel:	schlank, zylindrisch
Blattstiel:	2-5 cm; 3-5 Drüsen
Nebenblätter:	1-2 x 0,8-1,2 cm
Blätter:	5-8 x 9-12 cm
Blütenstiel:	5-7 cm
Strahlenkranz:	5-reihig

P. ´Amethyst`

P. antioquiensis Karst

Linnaea 30:162. (1859 o. 1860)

Nach E.P. Killip gehört *P. antioquiensis* nicht zu der Untergattung Tacsonia, sondern zu den Granadillastrum-Arten. Trotzdem sind ihre Ansprüche durchaus mit denen anderer Tacsonien, wie z.B. *P. mixta* oder *P. mollissima* vergleichbar.
Sie ist eine der beliebtesten Passionsblumen auf der ganzen Welt, obwohl sie in Deutschland noch nicht in jeder Sammlung vertreten ist.
Ihre Blätter sind tief 3-gelappt und können eine Länge von etwa 14 cm erreichen. Die rosaroten, bis zu 14 cm großen Blüten mit langer Röhre und purpurblauem Zentrum blühen ab August bis weit in den Herbst hinein.
P. antioquiensis kann auch gut als Zimmerpflanze in einem kleineren Blumentopf gehalten werden; den Sommer sollte sie aber möglichst im Freien verbringen.

Untergattung:	Granadillastrum
Stengel:	zylindrisch
Blattstiel:	2-4 cm; bis 8 Drüsen
Nebenblätter:	bis 0,8 cm, pfriemförmig
Blätter:	7-15 x 3,5-8 cm
Blütenstiel:	bis zu 20 cm
Strahlenkranz:	3-reihig

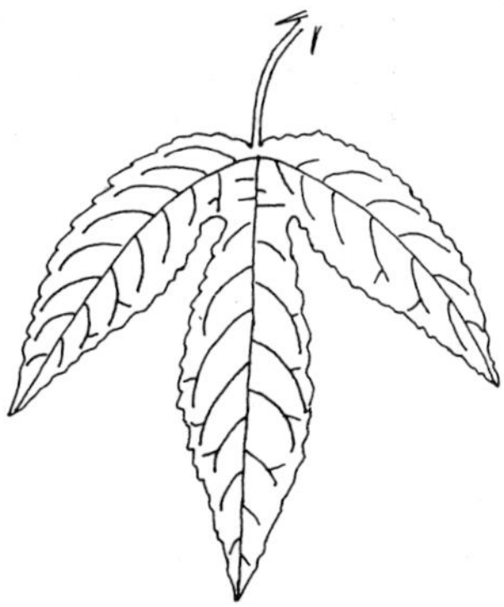

P. antioquiensis

P. aurantia Forst.

Prodr. 62 (1786)

Das Verbreitungsgebiet von *P. aurantia* erstreckt sich von Australien bis Malaysia. Damit gehört sie zu der kleinen Gruppe von ca. 20 Arten, die aus Asien und Australien stammen.
Ihre gelblichen, orange-rosa oder roten Blüten erreichen einen Durchmesser von 10 cm. Voraussetzung für die Blütenbildung ist ein nährstoffarmer Boden.

Untergattung:	Plectostemma
Stengel:	stämmig, silbrig gemasert
Blattstiel:	bis zu 4 cm; keine oder 2 Drüsen
Nebenblätter:	klein, geradlinig
Blätter:	3,5-10 x 4,5-13 cm
Blütenstiel:	bis 2,5 cm
Strahlenkranz:	2-reihig

Man sollte der Blumenerde deshalb im Verhältnis 1:1 Sand oder Perlite untermischen. Wird *P. aurantia* zu viel gedüngt, wächst die Pflanze sehr stark, bildet aber nur vereinzelt oder gar keine Blüten aus. Während ihrer Wachstumsperiode wird *P. aurantia* daher im Gegensatz zu den übrigen Arten nur wenig gedüngt.
Die bis zur Hälfte 3-gelappten Blätter können 10 cm lang werden. Eine Überwinterung im Haus ist leicht möglich. Allerdings trocknen die Triebspitzen im Winter teilweise ein, was jedoch kein Grund zur Besorgnis ist.

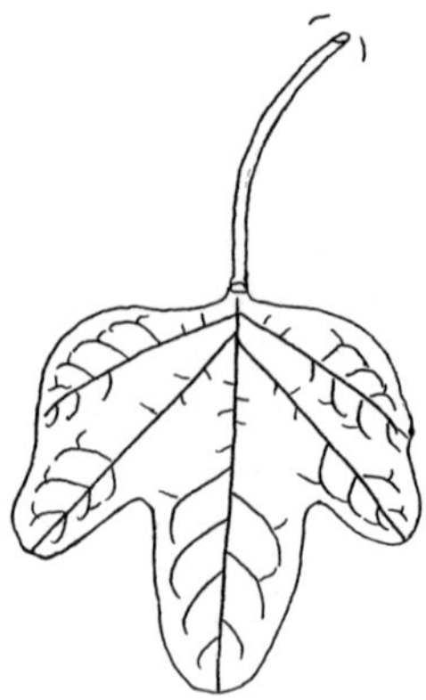

P. aurantia

P. auriculata HBK

Nov. Gen. Sp. 2: 131 (1817)

Eine relativ wenig verbreitete Art ist *P. auriculata*. Dies mag zum einen daran liegen, daß die grünlich-gelben Blüten mit einem Durchmesser von 2 cm recht klein sind, zum anderen daran, daß die aus Bolivien, Brasilien und Peru stammende *P. auriculata* viel Platz benötigt.
Auffällig sind die großen Nektarien am Blattstiel und die punktförmigen Nektardrüsen auf den Blättern.
Eine ganzjährige Kultur im Gewächshaus ist empfehlenswert. Will man diese Art trotzdem als Kübelpflanze kultivieren, erfordert sie viel Aufmerksamkeit.
Was den Sommerstandort betrifft, ist sie recht wählerisch und kränkelt leicht, wenn er ihren Ansprüchen nicht gerecht wird.

Untergattung:	Plectostemma
Stengel:	eckig, unbehaart
Blattstiel:	0,5-2 cm; 2 Drüsen
Nebenblätter:	bis 0,4 cm, schnell abfallend
Blätter:	5-15 x 2-10 cm
Blütenstiel:	paarweise, 0,5-1 cm
Strahlenkranz:	2-reihig

P. auriculata bevorzugt einen sonnigen, windgeschützten Platz und erwartet ein regelmäßiges Besprühen der Blätter mit temperiertem Wasser.
Es kommen sowohl ungelappte als auch leicht 3-gelappte Blätter vor. Die spitz zulaufenden Blätter können eine Länge von bis zu 15 cm erreichen.

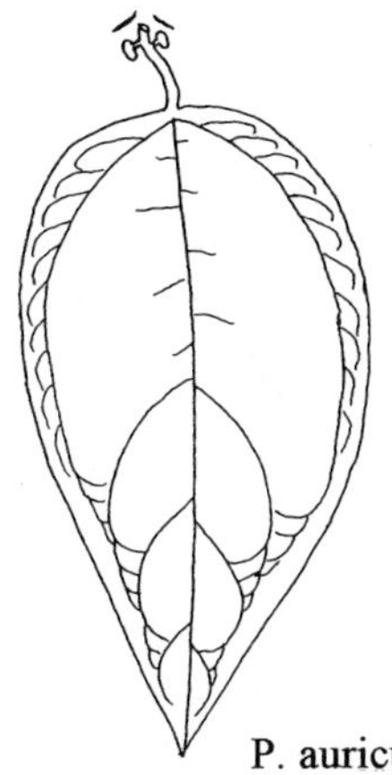

P. auriculata

P. biflora Lam. Encycl. 3:36 (1789)

P. biflora zählt zu den sehr variablen Arten. Ihre 2-gelappten, seltener 3-gelappten Blätter können von verschiedener Gestalt sein.
Diese unempfindliche Art blüht auf dem Balkon oder der Terrasse von Juli bis September, im Gewächshaus das gesamte Jahr über. Als Zimmerpflanze bringt sie ebenfalls zahlreiche der 2-3 cm großen Blüten hervor. Die Blüten erscheinen jeweils paarweise in den Blattachseln.
Mit ihrer Blütenfarbe und -größe steht sie hinter anderen Arten zurück. Da sie aber kaum Mühe bereitet und selbst Wassermangel im Sommer verzeiht, bereichert sie eine jede Sammlung.
Im Winter wirft sie oft einen großen Teil der Blätter ab und wird schnell unansehnlich. Schneidet man sie auf die Hälfte der ursprünglichen Größe zurück, treibt sie bald wieder neu aus.

Untergattung:	Plectostemma
Stengel:	5-eckig mit tiefen Furchen
Blattstiel:	0,5-2,5 cm; ohne Drüsen
Nebenblätter:	0,1-0,3 cm, Form variabel
Blätter:	2-10 x 4-10 cm
Blütenstiel:	paarweise, 1-2 cm
Strahlenkranz:	2-reihig

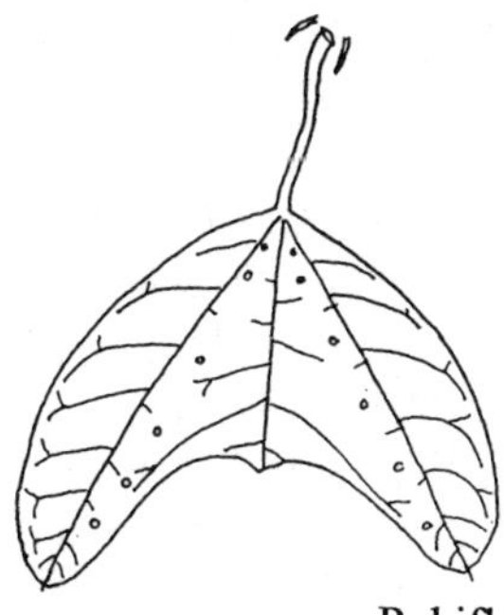

P. biflora

P. caerulea L. Sp. Pl. 959 (1753)

Untergattung:	Passiflora
Stengel:	gefurcht, nahezu eckig
Blattstiel:	1,5-4 cm; 2/4 Drüsen
Nebenblätter:	1-2 x 0,5-1 cm
Blätter:	5-10 x 7,5-15 cm
Blütenstiel:	schlank, 3-7 cm
Strahlenkranz:	4-reihig

Die wohl bekannteste Vertreterin dieser Gattung ist die in Brasilien und den angrenzenden Ländern beheimatete *P. caerulea*. Sie wurde Anfang des 17. Jahrhunderts wahrscheinlich als erste Pflanze dieser Gattung entdeckt.
Spanische Missionare erkannten in ihrer Blüte Symbole, die sie an den Leidensweg Jesu Christi erinnerten. Aus diesem Grunde nannte man sie fortan Passiflora (lat. passio = das Leiden, flos = die Blüte).
Ihre Blätter sind meist 5-gelappt und können eine Größe von 18 cm erreichen. Die weiß-blauen Blüten haben einen Durchmesser von 7 cm. Die weißen Blütenblätter biegen sich mit der Zeit nicht zurück, wie dies bei vielen anderen Arten der Fall ist.
Werden die Blüten bestäubt, erscheinen im Herbst blaßorange-gelbe, eirunde Früchte von 4-6 cm Länge.
Nicht nur als Zimmerpflanze erfreut sie sich immer größerer Beliebtheit, sondern auch frei ausgepflanzt begeistert sie den Betrachter. Vor einer Südmauer kann sie bereits nach einem Jahr eine Höhe von 4 m erreichen.
Zwar gilt *P. caerulea* bis ca. -15° C als frostresistent, doch sollte man sie im Winter vor dem gröbsten Frost schützen. Meist reichen einige Tannenzweige oder Stroh völlig aus.
Verfrieren die Triebe dennoch, dann treibt der Wurzelstock im Frühjahr neu aus. Dies reduziert zwar den Jahreszuwachs, aber an den neuen Trieben erscheinen im Spätsommer wieder zahlreiche Blüten.

P. caerulea

Wenn doch einmal eine Pflanze über die Wintermonate abstirbt, so liegt dies in der Regel nicht an den Minustemperaturen, sondern an Wurzelfäule, hervorgerufen durch tagelangen Dauerregen.
Eine ebenfalls sehr pflegeleichte Passionsblume ist *P. caerulea 'Constance Elliott`*. Es handelt sich dabei um eine Zuchtform von *P. caerulea*, die ebenfalls im Freien überwintert werden kann.
Sowohl die Blütenblätter als auch der Strahlenkranz sind bei *P. caerulea 'Constance Elliott`* weiß gefärbt.

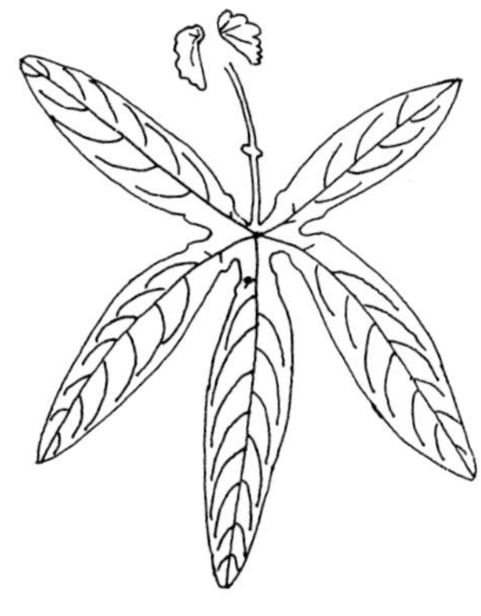

P. caerulea

P. capsularis L.

Sp. Pl. 957 (1753)

Eine Art, die problemlos im Zimmer gehalten werden kann, ist *P. capsularis*. Ihre weißen Blüten sind im Vergleich zu denen anderer Passiflora-Arten eher klein, verströmen jedoch einen intensiven Vanilleduft. Bevor man die Blüten überhaupt sehen kann, nimmt man schon den starken Duft wahr.
Im Freiland blüht *P. capsularis* reichlich von Juni bis September und toleriert dabei auch kühlere Temperaturen.
Diese in weiten Teilen Südamerikas verbreitete Art kann leicht mit *P. rubra* verwechselt werden. Beide Arten haben sehr ähnliche, zweigelappte Blätter.
Lediglich die Blüten und Früchte ermöglichen eine eindeutige Unterscheidung. Während *P. capsularis* weiße Blüten besitzt, blüht *P. rubra* gelblich-grünrosa.

Untergattung:	Plectostemma
Stengel:	3-5eckig, geriffelt
Blattstiel:	1-6 cm; ohne Drüsen
Nebenblätter:	0,3-0,8 cm,
Blätter:	4-10 x 3-15 cm
Blütenstiel:	1-6 cm
Strahlenkranz:	1- oder 2-reihig

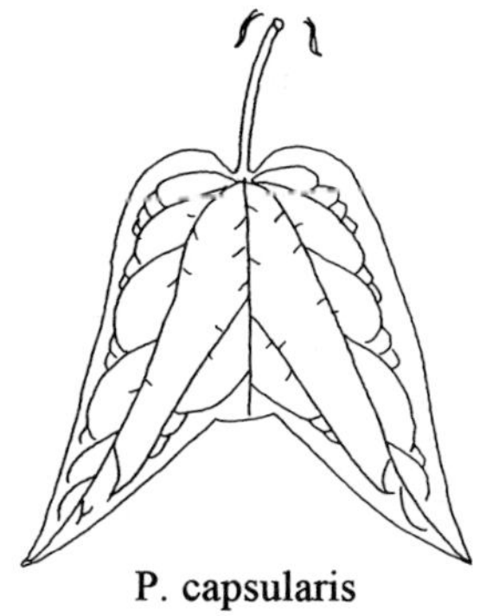

P. capsularis

Die attraktiven Früchte von *P. capsularis* ergeben im Querschnitt einen Stern. Beides sind sehr dankbare Arten und können ohne Probleme auf der Fensterbank überwintert werden. Zu warme, trockene Heizungsluft wird allerdings nicht gut vertragen.

P. cincinnata Mast.

Gard. Chron. (1868)

Ihre prachtvollen Blüten entwickelt die aus Brasilien, Bolivien und Argentinien stammende Art meist nur im Gewächshaus. Von Juni bis September erscheinen die violetten Blüten, die einen Durchmesser von 7-12 cm erreichen.
Die tief eingeschnittenen, zumeist 5- seltener 3-gelappten Blätter werden bis zu 8 cm lang.
Nicht selten wird *P. cincinnata* mit *P. 'Incense`* verwechselt. Eine solche Verwechselung kann verhängnisvoll sein. Während *P. 'Incense`* leichte Minustemperaturen problemlos übersteht, benötigt die wärmeliebende *P. cincinnata* selbst im Winter noch 14° C.
Eine eindeutige Unterscheidung dieser beiden Passionsblumen ist ohne die Blüten, beispielsweise an Hand der Blattstieldrüsen, möglich. *P. cincinnata* besitzt zwei oder vier solcher Drüsen, bei *P. 'Incense`* hingegen findet man immer zwei Nektardrüsen in der Mitte des Blattstiels vor. Darüber hinaus hat *P. 'Incense`* mit 4-6 cm die längeren Blattstiele. Im Vergleich dazu messen die Blattstiele von *P. cincinnata* in der Regel nur eine Länge von 1,5-4 cm.

Untergattung:	Passiflora
Stengel:	zylindrisch
Blattstiel:	1,5-4 cm; 2/4 Drüsen
Nebenblätter:	0,5-1 cm
Blätter:	3-8 x 2,5-5 cm
Blütenstiel:	2-4 cm
Strahlenkranz:	mehrreihig

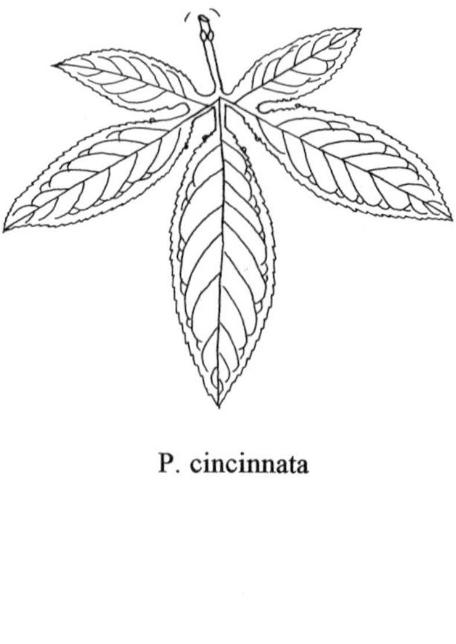

P. cincinnata

P. cinnabarina Lindl.

Gard. Chron. 23:724 (1855)

Hierbei handelt es sich um eine Art, deren Vermehrung durch Samen erfolgen sollte, da Stecklinge kaum bewurzeln.
Ihre Heimat ist das subtropische Australien.
Angepaßt an ihren natürlichen Verbreitungsraum benötigt *P. cinnabarina* eine Überwinterungstemperatur zwischen 10° C und 15° C. Den Sommer kann sie bei uns im Freiland verbringen. In sonniger Lage bringt *P. cinnabarina* etwa 6 cm große, rote Blüten hervor. Der gelbe oder weiße, äußere Strahlenkranz steht aufrecht.
Die 3-gelappten Blätter können eine Länge von bis zu 12 cm erreichen.

Untergattung:	Plectostemma
Stengel:	schlank
Blattstiel:	bis 5 cm; ohne Drüsen
Nebenblätter:	bis 0,8 cm, strichförmig
Blätter:	6-12 x 7-13 cm
Blütenstiel:	einzeln, bis zu 3 cm
Strahlenkranz:	mehrreihig

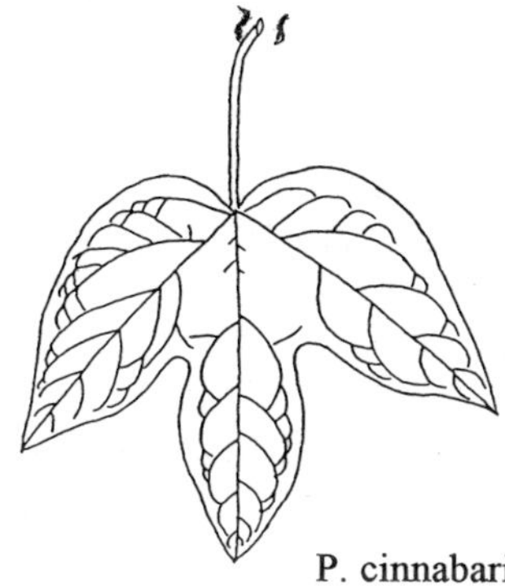

P. cinnabarina

P. citrina Mac Dougal

Ann. Missouri Bot. Gard. 76:354 (1989)

Obwohl *P. citrina* zu den erst in jüngster Zeit entdeckten Arten gehört, ist sie trotzdem schon in vielen Sammlungen vertreten. Dieser schnelle Siegeszug liegt sicherlich in der unter Passionsblumen wenig verbreiteten gelben Blütenfarbe und der Anspruchslosigkeit dieser Art begründet. Ihr Verbreitungsgebiet beschränkt sich auf den Westen von Honduras und den Osten Guatemalas.
Ihre zitronengelben Blüten erscheinen im Gewächshaus das gesamte Jahr über. Bei der Kultur im Zimmer hingegen legt diese Art von November bis April eine kleine Blütenpause ein.

Untergattung:	Plectostemma
Stengel:	nahezu 5-eckig
Blattstiel:	bis 2,5 cm lang
Nebenblätter:	bis 0,7 cm, strichförmig
Blätter:	3-8 x 2-6 cm
Blütenstiel:	einzeln/paarweise, 3,5 cm
Strahlenkranz:	einreihig

Mit einem Blütendurchmesser von 4-6 cm zählt *P. citrina* zu den eher kleinblütigen Arten.
Die Blätter sind in der Regel 3-gelappt, wobei der mittlere Lappen deutlich kürzer ist als die beiden äußeren. Ähnlich wie *P. sanguinolenta* kann *P. citrina* ohne Probleme als Zimmer- oder Kübelpflanze gehalten werden. Aus einem Steckling gezogen, blühen Jungpflanzen schon nach nur 12 Wochen. Überwintert werden sollte *P. citrina* so hell wie möglich bei ca. 15° C.

P. citrina

P. coactilis (Mast.) Killip

J. Wash. Acad. Sci. 14:212 (1924)

Unseres Wissens befindet sich diese Art in Deutschland noch nicht in Kultur. Trotzdem möchten wir diese faszinierende - in Ecuador beheimatete - Art vorstellen.
Sowohl vom Wuchs als auch von der Blüte her ist sie vielleicht die mächtigste Passionsblume überhaupt.
Die Blüten hängen an langen, fadendünnen Stielen von den Trieben herab. Das lange Hypanthium trägt eine 15 cm große, kräftig rosafarbene Blütenkrone.
Die 3-gelappten Blätter sind, wie überhaupt die gesamte Pflanze, weich zimtbraun behaart.
Wegen ihres Riesenwuchses wäre *P. coactilis* wohl nur ausgepflanzt im Kalthaus zu kultivieren.

Untergattung:	Tacsonia
Stengel:	zylindrisch
Blattstiel:	2-2,8 cm; 4-6 Drüsen
Nebenblätter:	0,5-1,2 cm
Blätter:	6-13 x 6-15 cm
Blütenstiel:	9-25 cm
Strahlenkranz:	einreihig

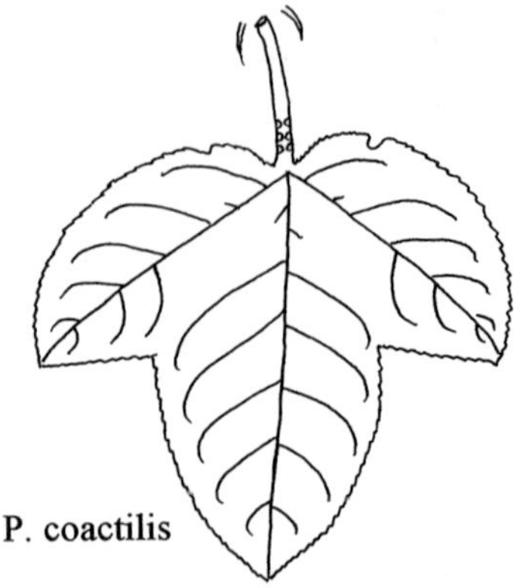
P. coactilis

P. coccinea Aubl.

Pl. Guian 2:828 (1775)

Untergattung:	Distephana
Stengel:	zylindrisch, alte Stengel tief 3gefurcht
Blattstiel:	bis 3,5 cm; 0/2 Drüsen
Nebenblätter:	0,4-0,6 cm, schmal
Blätter:	6-14 x 3-7 cm
Blütenstiel:	bis 8 cm, stämmig
Strahlenkranz:	3-reihig

Die rotblühende *P. coccinea* zählt zu den anspruchsvolleren Passionsblumenarten. Sie benötigt das ganze Jahr über viel Wärme und hohe Luftfeuchtigkeit. Nur wer ihr größte Aufmerksamkeit zukommen läßt, kann die Pflanze während der Sommermonate mit Erfolg im Freiland pflegen. Mit den Bedingungen eines Warmhauses kommt diese Art allerdings wesentlich besser zurecht.

Wer nicht auf eine rotblühende Art verzichten möchte, dem sei *P. vitifolia* für die sommerliche Freilandkultur bestens empfohlen.

P. coccinea hat ungelappte, bis zu 12 cm lange Blätter. Diese sind scharf gesägt und ebenso wie die gesamte Pflanze dicht behaart. Ihre roten Blüten erreichen einen Durchmesser von 8-12 cm. Die inneren Strahlenkränze sind weiß, der äußere dunkelrot mit weißer Spitze. Alle drei Strahlenkränze sind verhältnismäßig kurz und stehen aufrecht.

Während der Wintermonate verträgt sie langfristig keine Temperaturen unterhalb 15° C. Wer sein Gewächshaus im Winter aus Kostengründen kühler hält, der sollte die Pflanze, oder Stecklinge davon, in der Wohnung überwintern lassen.

Aufgrund der trockenen Wohnungsluft ist es oftmals schwierig, den Pflanzen die notwendige Luftfeuchtigkeit zu bieten. Ein mehrmaliges Besprühen am Tag wirkt sich daher positiv aus.

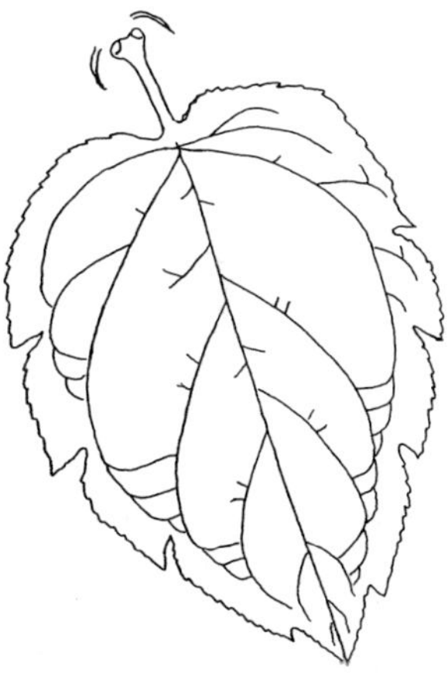

P. coccinea

Immer wieder sterben über die Wintermonate zahlreiche Pflanzen aus scheinbar unerklärlichen Gründen ab. Selbst in geheizten Gewächshäusern, die *P. coccinea* eigentlich ideale Bedingungen bieten müssen, gehen teilweise Pflanzen ein. Oftmals stellt der unzureichend isolierte Gewächshausboden eine große Gefahr dar. Stehen die Blumentöpfe direkt auf dem Boden, können sie leicht zu stark abkühlen.
Kostengünstige Abhilfe schaffen hier einige Zentimeter dicke Styroporplatten, die zwischen Blumentopf und Boden eine zusätzliche Isolierung bilden.

P. conzattiana Killip

J. Wash. Acad. Sci. 17:425 (1927)

Diese in Mexiko beheimatete Art ist von ihren Ansprüchen her durchaus mit *P. rubra* und *P. capsularis* vergleichbar.
Da ihre nur 2 cm großen Blüten sicherlich nicht zu den auffälligsten dieser Gattung zählen, wird diese Art ausschließlich von Liebhabern gepflegt. Wir empfinden es als sehr angenehm, neben den zahlreichen Arten mit imposanten und eindrucksvollen Blüten auch einige schlichtere Pflanzen zu kultivieren. Sie haben den Vorteil, daß sie nur wenig Mühe machen und nicht der intensiven Pflege anderer Arten bedürfen.

Untergattung:	Plectostemma
Stengel:	schlank, oft rötlich
Blattstiel:	bis 2 cm; ohne Drüsen
Nebenblätter:	bis 0,4 cm, borstenförmig
Blätter:	2-5 x 3-8 cm
Blütenstiel:	einzeln/paarweise, bis 2 cm
Strahlenkranz:	einreihig

P. conzattiana ist sowohl für das Gewächshaus, als auch für das Freiland oder das Zimmer geeignet. Unabhängig vom Standort erscheinen zahlreiche grünlich-rosa-farbene Blüten. Ihre behaarten, 2-5 cm langen Blätter sind 2-gelappt, nur gelegentlich findet sich noch ein zusätzlicher kleiner Mittellappen.
Die Überwinterung ist unkompliziert und gelingt ohne größere Schwierigkeiten. Während der Wintermonate sollte die Temperatur oberhalb von 7° C liegen.

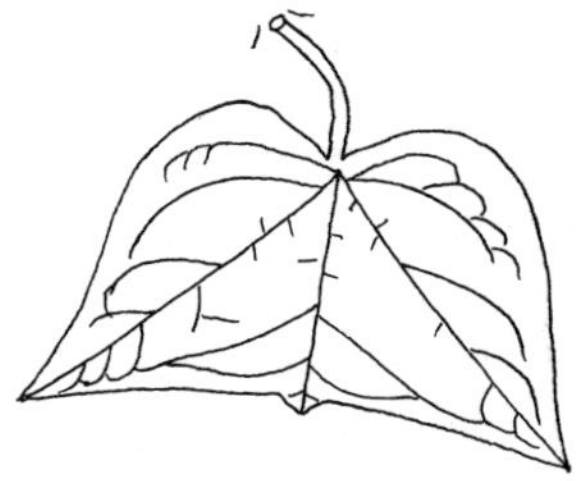

P. conzattiana

P. coriacea Juss

Ann. Mus. Hist. Nat. 6:109 (1805)

Eine ihres attraktiven Laubes wegen kultivierte Passionsblume ist *P. coriacea*. Ihre Blätter sind ungelappt, lederartig und breiter als lang. Oberseits sind sie in der Regel unregelmäßig hellgrün gefleckt. Seltener findet man Varietäten mit einheitlich dunkelgrünen Blättern vor. Ihre Heimat erstreckt sich von Mexiko bis nach Bolivien.
Die unscheinbaren gelblich-grünen Blüten erscheinen paarweise oder einzeln in den Blattachseln. Häufig findet man auch vielblütige Trauben an den Triebenden. Eine einzelne Blüte hat einen Durchmesser von bis zu 4 cm.
P. coriacea eignet sich hervorragend als Zimmerpflanze, da sie von Schädlingen gemieden wird. Selbst in unmittelbarer Nähe von anderen Pflanzen, die von Wolläusen befallen waren, blieb *P. coriacea* schädlingsfrei.

Untergattung:	Plectostemma
Stengel:	eckig, unbehaart bis flaumig behaart
Blattstiel:	2-4 cm; 2/4 Drüsen
Nebenblätter:	0,3-0,5 cm, strichförmig
Blätter:	3-7 x 7-20 cm
Blütenstiel:	einzeln/paarweise, bis 2 cm
Strahlenkranz:	2-reihig

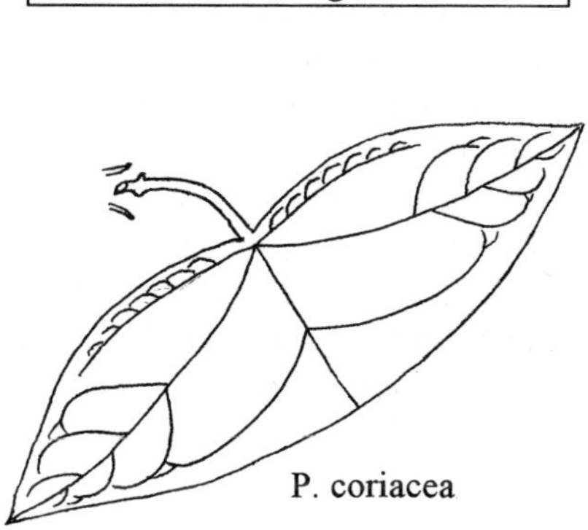

P. coriacea

P. costaricensis Killip

J. Wash. Acad. Sci. 12/257 (1922)

Das natürliche Verbreitungsgebiet dieser Art erstreckt sich von Mexiko bis Kolumbien.
P. costaricensis unterscheidet sich von den anderen, pflegeleichten Arten dadurch, daß sie im Winter mit mindestens 13° C eine vergleichsweise hohe Temperatur benötigt. Ansonsten stellt die Pflanze keine großen Ansprüche und wächst schell zu ansehnlicher Größe heran.
Ihre weißlichen, 4-5 cm großen Blüten sind recht unscheinbar, dafür wirken die 2-gelappten Blätter sehr dekorativ. Sie erreichen eine Länge von 9-14 cm.
Auffallend ist die starke Behaarung der gesamten Pflanze.

Untergattung:	Plectostemma
Stengel:	3-eckig, gefurcht, behaart
Blattstiel:	1,5-4 cm; ohne Drüsen
Nebenblätter:	0,6-1 cm, pfriemförmig
Blätter:	9-14 x 7-11 cm
Blütenstiel:	einzeln/paarweise, bis 1,5 cm
Strahlenkranz:	einreihig

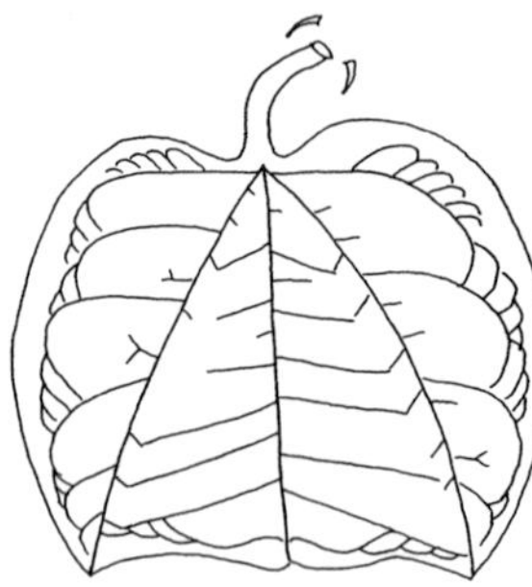

P. costaricensis

P. cumbalensis (Karst) Harms.

Bot. Jahrb. 18 Beibl. 45:13 (1894)

Diese in Kolumbien und Ecuador beheimatete Art kommt grundsätzlich in Höhen von 2000 bis 3000 m mit extrem hohen Niederschlägen vor. Den natürlichen Witterungsverhältnissen entsprechend, sollte *P. cumbalensis* den Sommer über im Freiland kultiviert werden. Während der Wintermonate wächst sie bei 5° C - 10° C munter weiter.

Untergattung:	Tacsonia
Stengel:	eckig, bei älteren Trieben zylindrisch
Blattstiel:	1-4 cm; 2-4 Drüsen
Nebenblätter:	0,7-2,4 x 0,3-1,3 cm
Blätter:	4-12 x 5-16 cm
Blütenstiel:	einzeln, 3-10 cm
Strahlenkranz:	einreihig

Die vielen, zum Teil sehr kleinräumig, verbreiteten Varietäten erschweren eine eindeutige Bestimmung. Sie unterscheiden sich vor allem in der Blattform. Die Blüten hängen herab und leuchten in sattem rosa-lila, das Hypanthium ist meist glänzend tiefviolett. Es muß für jeden Passifloren-Liebhaber eine Herausforderung sein, diese herrliche Tacsonie in Kultur zur Blüte zu bringen.

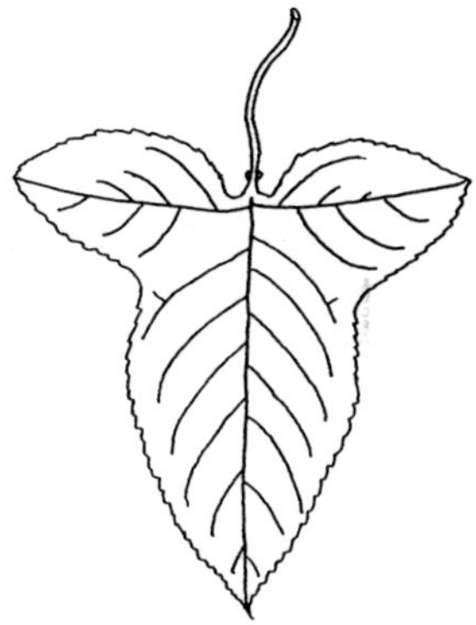

P. cumbalensis

P. cuprea L.

Sp. Pl. 955 (1753)

Hierbei handelt es sich um eine wenig verbreitete Art. Die in Kuba, Bahamas, Haiti und den Westindischen Inseln beheimatete *P. cuprea* wird in Deutschland kaum kultiviert.
Die Blätter dieser zierlichen Pflanze sind mit einer Länge von 2,5-7 cm vergleichsweise klein.
Ihre auffälligen rot-braunen Blüten erreichen einen Durchmesser von 3-4 cm.
Die Kultur sollte ganzjährig im heizbaren Gewächshaus erfolgen. Im Winter benötigt *P. cuprea* eine Temperatur von mindestens 13° C bei entsprechender Luftfeuchtigkeit.

Untergattung:	Pseudomurucuja
Stengel:	eckig,
Blattstiel:	0,5-1 cm; ohne Drüsen
Nebenblätter:	bis 0,5-1 cm, borstenförmig
Blätter:	2,5-7 x 1,5-5 cm
Blütenstiel:	einzeln/paarweise, bis 2,5 cm
Strahlenkranz:	einreihig

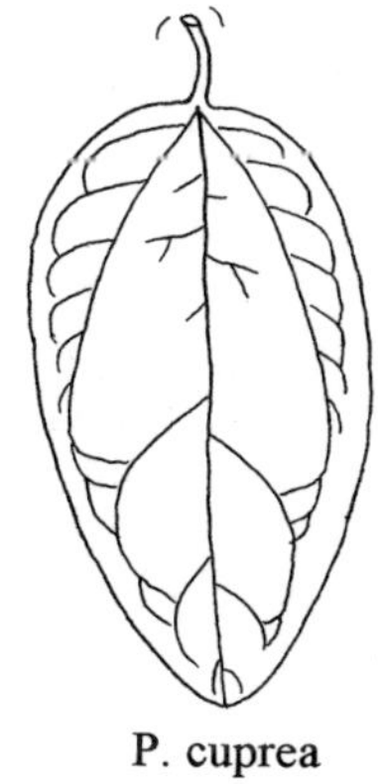

P. cuprea

P. deltoifolia Holm-Nielsen & Lawesson

Ann. Miss. Bot. Gard. 74(3): 497ff (1987)

Untergattung:	Passiflora
Stengel:	nahezu zylindrisch
Blattstiel:	3 cm; 4 (-6) Drüsen
Nebenblätter:	2 x 1 cm
Blätter:	8 x 9-10 cm
Blütenstiel:	5-6 cm
Strahlenkranz:	5- bis 8-reihig

Die in dem Ort Baeza in der Provinz Napo im Nordosten Ecuadors endemische Art wurde erst im Jahre 1987 von Holm-Nielsen und Lawesson beschrieben. Ganze acht Jahre später wurde *P. deltoifolia* von Michael Schwerdtfeger erstmals nach Deutschland eingeführt. Sie steht in enger Verwandtschaft mit *P. menispermifolia* und *P. crassifolia*. An Hand der fehlenden Dornen an den Spitzen der Sepalen kann *P. deltoifolia* jedoch leicht von beiden unterschieden werden.

Bemerkenswert sind ihre deltaförmigen Blätter, denen diese Art ihren lateinischen Artnamen verdankt. Die Blätter sind oberseits nahezu unbehaart, unterseits hingegen ebenso wie der Stengel und die Nebenblätter behaart. Die wunderschönen 6 bis 7 cm großen Blüten erscheinen einzeln in den Blattachseln. Der vielreihige, große Strahlenkranz ist intensiver als die Blütenblätter violett gefärbt. Lediglich in seiner Mitte befindet sich eine schmale weiße Zone. Über ihre Blühfreudigkeit unter Kulturbedingungen liegen bislang kaum Erfahrungswerte vor. Entsprechend den Bedingungen am natürlichen Standort, wo *P. deltoifolia* in Höhen zwischen 1800 m und 1900 m vorkommt, benötigt die Pflanze eine Überwinterungstemperatur von 10°C. Es ist bemerkenswert wie abgehärtet bereits Pflanzen aus solchen Höhen sind.

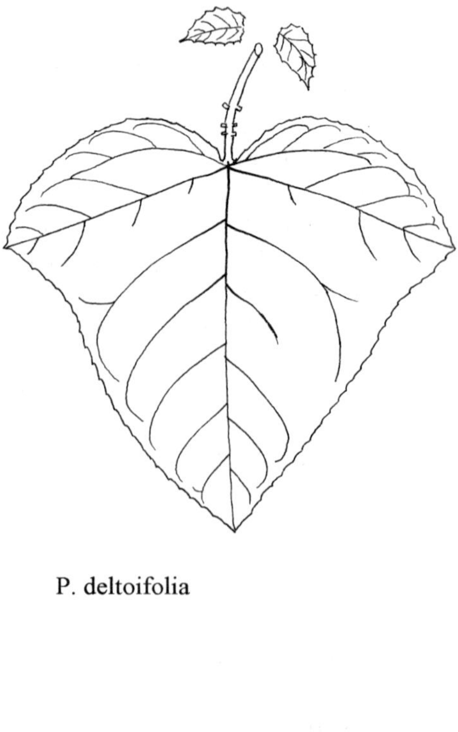

P. deltoifolia

P. discophora Jorgensen & Lawesson

Nord. J. bot. 7:127 (1987)

P. discophora wird erst seit 1993 in Deutschland kultiviert. Sie ist in einem winzigen Gebiet in der Provinz "Los Rios" in Westecuador beheimatet.
Diese zierliche Pflanze unterscheidet sich schon auf den ersten Blick deutlich von den übrigen Arten. Die Sproßranken sind ein- bis zweimal gegabelt und münden jeweils in einen kleinen Discus. Mit Hilfe ihrer unter den Passionsblumen einzigartigen Sproßranken ist sie in der Lage, selbst verhältnismäßig glatte Oberflächen zu erklimmen.
Die Blätter sind mit einer Länge von 2-5 cm recht klein.
Die Größe der Blüten beträgt etwa 3 cm. Der Strahlenkranz ist an der Basis orange-gelb und zur Spitze hin weiß gefärbt.
Die Pflanze benötigt ganzjährig eine sehr hohe Luftfeuchtigkeit. Ist dies bei entsprechenden Temperaturen um 15° C im Winter und über 25° C im Sommer gewährleistet, wächst die Pflanze willig.

Untergattung:	Plectostemma
Stengel:	zylindrisch
Blattstiel:	0,5-1,3 cm; ohne Drüsen
Nebenblätter:	winzig 0,1 cm, borstenförmig
Blätter:	2-5 x 1-3 cm
Blütenstiel:	einzeln/paarweise, 0,7-1,5 cm
Strahlenkranz:	3-reihig

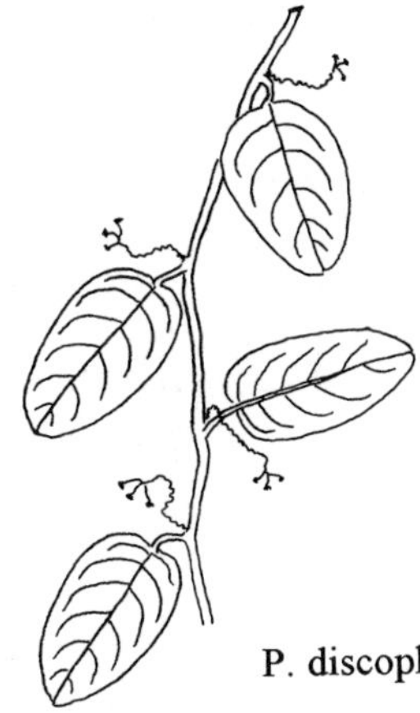

P. discophora

P. edulis Sims

Bot. Mag. 45 (1818)

In zahlreichen Ländern wird *P. edulis* ihrer schmackhaften Früchte wegen als Obstpflanze angebaut. Aus ihren Früchten wird der Maracucjasaft gewonnen, der Bestandteil fast aller Multi-Vitamin-Säfte ist.

Untergattung:	Passiflora
Stengel:	rundlich, stämmig
Blattstiel:	1,5-5 cm; 2 Drüsen
Nebenblätter:	bis 0,8 cm,
Blätter:	5-20 x 5-20 cm
Blütenstiel:	einzeln, 2-6 cm
Strahlenkranz:	3- bis 5-reihig

Ursprünglich beheimatet ist sie in Brasilien und Paraguay. Man unterscheidet bei ihr mehrere Varietäten voneinander, die verschiedenartige Früchte hervorbringen. Das gesamte Jahr über kann man die hühnerei-großen, violetten Früchte von *P. edulis* forma *edulis* bei uns kaufen. Wir haben unsere Pflanzen aus den Samen einer solchen Frucht gezogen. Sie gedeihen entgegen der üblichen Praxis nicht im Gewächshaus oder Wintergarten, sondern verbringen die Monate von Mai bis Oktober im Freien.

Sämlingspflanzen wird oft nachgesagt, daß sie kaum Blüten ansetzen. Diese Erfahrung haben wir mit unseren Sämlingspflanzen nicht gemacht. Bis auf eine Ausnahme haben alle Pflanzen nach zwei Jahren herrlich geblüht. Die weißen Blütenblätter werden von dem langen Strahlenkranz fast vollständig bedeckt. Die auffällig gewellten Strahlen sind weiß und purpur gefärbt.

Die Blätter sind 5-20 cm lang, 3-gelappt und besitzen oft einen welligen Rand. Im Winter genügt *P. edulis* eine Temperatur von ca. 7° C in einem hellen, ungeheizten Raum.

P. edulis

P. foetida L. Sp. Pl. 959 (1753)

Untergattung:	Dysosmia
Stengel:	meist behaart, zylindrisch
Blattstiel:	bis 7,5 cm; ohne Drüsen
Nebenblätter:	0,1-0,3 x 0,2-0,5 cm
Blätter:	2-19 x 3-11 cm
Blütenstiel:	einzeln, bis 7,5 cm
Strahlenkranz:	mehrreihig

P. foetida ist wohl die variabelste Art dieser Gattung, besonders was die Früchte und die Blüten betrifft. Meist blühen die Pflanzen weiß oder rosa.
Die Farbe der Früchte reicht von grünlich über gelb bis rot. Die Blätter sind in der Regel 3- oder 5-gelappt.
Mittlerweile sind über 50 Varietäten bekannt, die es fast unmöglich machen, die eigene Pflanze genau zu bestimmen.
P. foetida ist eine rasch wachsende Art, die ganze Gewächshauswände innerhalb eines Jahres bedecken kann. Wegen ihres schnellen Wachstums wird sie in weiten Teilen Südamerikas als Bodendecker und zur Erosionsbekämpfung angepflanzt.
Die gesamte Pflanze ist je nach Varietät mehr oder weniger stark behaart. Kommt man mit den Härchen in Berührung, verströmt die Pflanze einen unangenehmen Geruch.
Auffällig sind die Brakteen der Blüten. Sie ähneln einer aus dem Blatt herausgetrennten Blattnervatur und sind mit zahlreichen Drüsen besetzt.
P. foetida gedeiht sowohl im Gewächshaus als auch im Freiland. Die Minimumtemperatur beträgt 10° C.

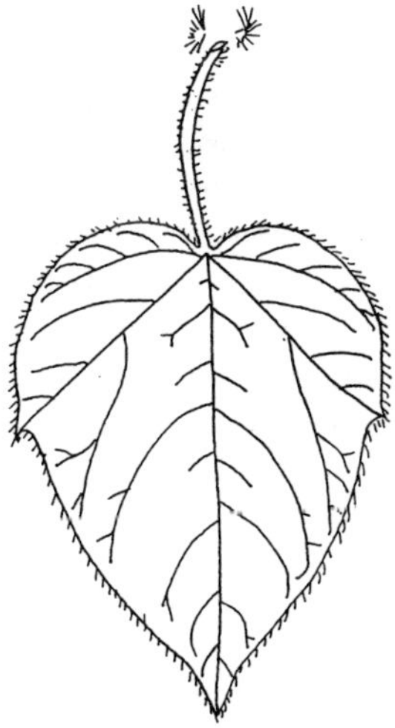

P. foetida

P. gracilima Killip

J. Wash. Acad. Sci. 14:112 (1924)

Untergattung:	Plectostemma
Stengel:	zylindrisch oder eckig
Blattstiel:	1,5-2,5 cm; 2 Drüsen
Nebenblätter:	winzig 0,1 cm, borstenförmig
Blätter:	2,5-4 x 2,2-4 cm
Blütenstiel:	1,5-2,5 cm
Strahlenkranz:	1- oder 2-reihig

Die aus Ecuador, Kolumbien und Panama stammende *P. gracilima* kann auf den ersten Blick leicht mit *P. tryphostemmatoides* und *P. discophora* verwechselt werden. Alle drei obengenannten Arten besitzen wohl mit die kleinsten Blätter dieser Gattung und fallen damit gleich ins Auge.

P. gracilima unterscheidet sich von *P. tryphostemmatoides* durch ihre größeren, grünlich-gelben Blüten und ihre Früchte. Während die Früchte von *P. tryphostemmatoides* rundlich sind, bringt *P. gracilima* - ähnlich wie *P. capsularis* - sechseckige Früchte hervor.

Durch den fehlenden Discus an der Spitze der Sproßranken läßt sich *P. gracilima* leicht von *P. discophora* unterscheiden.

Da *P. gracilima* in ihrer Heimat noch in Höhen von 3000 m anzutreffen ist, verträgt sie kühlere Temperaturen als die anderen obengenannten kleinblättrigen Passiflora-Arten. Bis Mitte Oktober kann sie im Freiland verweilen. Sobald die Temperaturen in der Nacht Werte unterhalb von 7° C erreichen, wird die Pflanze in das Winterquartier gebracht.

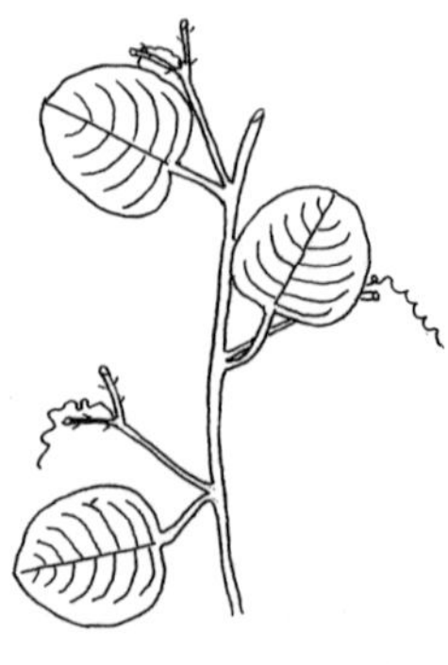

P. gracilima

P. helleri Peyr. Linnaea 30:54 (1859)

In den Schmetterlingshäusern findet man oft *P. helleri*, die dort als Futterpflanze gehalten wird. Ihre Kultur ist nicht ganz unkompliziert. Im Haus wächst sie problemlos und bietet bald einen schönen Anblick durch ihre auffälligen, 4-8 cm langen Blätter. Auf ihre weißen, stark durftenden 3-4 cm großen Blüten wartet man allerdings meist vergeblich; sie erscheinen nur im Gewächshaus, bei entsprechender Temperatur und erhöhter Luftfeutigkeit.
Ihre Heimat sind die gemäßigten Höhenlagen Mexikos und Costa Ricas. Entsprechend sind auch ihre Kulturansprüche. Während der Überwinterung ist darauf zu achten, daß *P. helleri* langfristig keinen Temperaturen unterhalb 10° C ausgesetzt wird.

Untergattung:	Plectostemma
Stengel:	tief gefurcht, glatt bis flaumig behaart
Blattstiel:	2-3 cm; ohne Drüsen
Nebenblätter:	klein 0,3 cm,
Blätter:	3,5-8 x 3-7 cm
Blütenstiel:	2-3,5 cm
Strahlenkranz:	einreihig

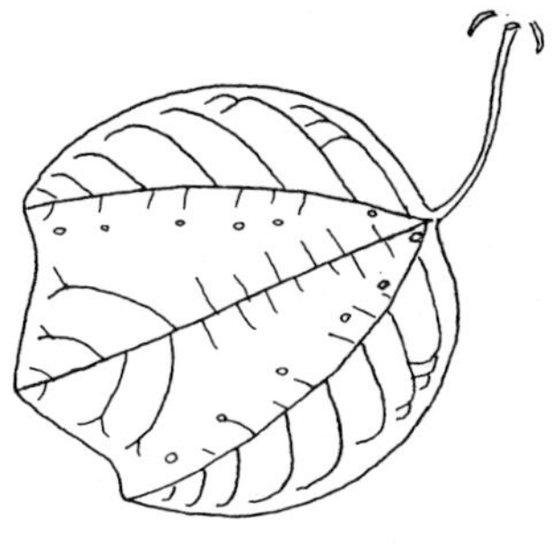

P. helleri

P. herbertiana Ker-Gawl. Bot. Reg. 4:737 /1823)

Die bis zu 6 cm großen Blüten dieser in Australien beheimateten Art sind teilweise am zweiten oder dritten Tag noch geöffnet. Die Blütenfarbe variiert von hell- bis dunkelgelb.
P. herbertiana setzt leicht zahlreiche, eßbare Früchte an. Leider keimen die in den grünen Früchten befindlichen Samen sehr schlecht.

Untergattung:	Plectostemma
Stengel:	kantig bis zylindrisch
Blattstiel:	bis 7,5 cm; 2 Drüsen
Nebenblätter:	0,4 cm, strichförmig
Blätter:	3,5-8 x 4-8 cm
Blütenstiel:	einzeln/paarweise, bis 2,5 cm
Strahlenkranz:	5-reihig

Nur mit frischem, unmittelbar aus der Frucht entnommenem Saatgut lassen sich befriedigende Ergebnisse erzielen.
Eine Vermehrung durch Stecklinge ist ebenfalls schwierig, aber durchaus möglich. Es empfiehlt sich, gleich mehrere Triebmittelstücke zu stecken, da die Ausfälle vergleichsweise groß sind.
Die weitere Kultur ist einfach. Selbst in einem kleinen Topf auf der Fensterbank gedeiht die Pflanze prachtvoll. Im Freiland blüht *P. herbertiana* von Juli bis September.

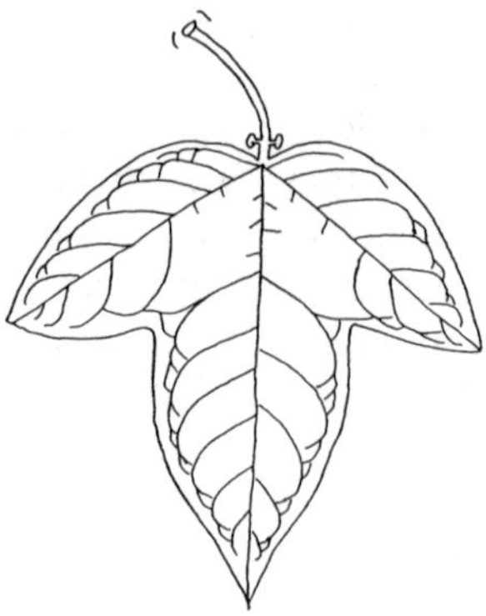

P. herbertiana

P. holosericea L. — Sp. Pl. 958 (1753)

Ihre ganze Pracht kann *P. holosericea* nur in einem großen Gewächshaus entwickeln. Während kleinere Pflanzen nur zwei Blüten pro Blattstengel hervorbringen, sind es an langen Trieben meist vier Blüten. Ein Beispiel hierfür ist die Pflanze im Botanischen Garten Bonn. Meterlange Triebe mit hunderten von Blüten hängen dort vom Glasdach herab. Diese Blütenvielzahl ist es, die diese weich behaarte Pflanze so pflegenswert macht, denn eine Einzelblüte ist mit einer Größe von 4-5 cm eher unauffällig. Die cremefarbenen Blütenblätter bilden den Hintergrund für den tief-gelben, zur Mitte rot-braunen äußeren Fadenkranz.

Untergattung:	Plectostemma
Stengel:	gefurcht, zylindrisch
Blattstiel:	bis 2,5 cm; 2 Drüsen
Nebenblätter:	bis 0,6 cm, fadenförmig
Blätter:	5-10 x 4-7,5 cm
Blütenstiel:	einzeln/paarweise, mit jeweils 2-4 Blüten
Strahlenkranz:	2-reihig

Die großen 3-gelappten Blätter sind nicht tief eingeschnitten. Lediglich die abgerundeten Spitzen der drei Lappen sind sichtbar. Die Überwinterung von *P. holosericea* erfolgt im Gewächshaus problemlos, gelingt aber auch in der Wohnung. Die Temperatur sollte allerdings um 15° C liegen.

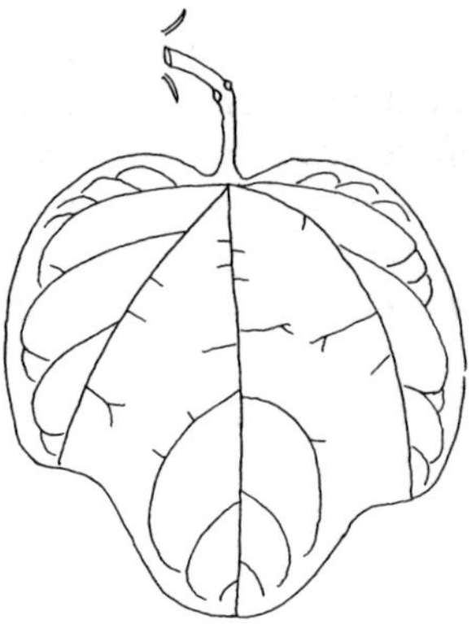

P. holosericea

P. incarnata L.

Sp. Pl. 959 (1753)

Untergattung:	Passiflora
Stengel:	kahl oder leicht behaart
Blattstiel:	bis 8 cm; 2 Drüsen
Nebenblätter:	bis 0,3 cm, borstenförmig
Blätter:	6-15 x 5-12 cm
Blütenstiel:	bis 10 cm, stämmig
Strahlenkranz:	mehrreihig

Die in Nordamerika beheimatete *P. incarnata* gilt als die härteste Art dieser Gattung. Im Freiland übersteht sie den Winter, ähnlich wie *P. caerulea*, an geschützter Stelle problemlos.
Auf eine ausreichende Bedeckung des Wurzelstockes ist allerdings zu achten. Ihre krautigen Stengel sterben im Herbst bis zum Grund ab. Je nach Standort treibt die Pflanze von März bis Mai wieder neu aus.
Im Sommer bringt sie 4-7 cm große Blüten hervor. Die Farbintensität der Blütenblätter variiert stark und reicht von hellviolett bis violett. Sie werden von dem weißen und purpurfarbene Strahlenkranz, der deutlich hervortritt, verdeckt.

Ihre 6-15 cm langen Blätter sind deutlich 3-gelappt. Die länglich-lanzettlichen Lappen sind grob gesägt.
P. incarnata ist die einzige winterharte Art mit eßbaren Früchten. Die grünen oder gelben Früchte erreichen eine Länge von 6 cm.
In den Südstaaten der USA wird sie als Heilpflanze angebaut und in die gesamte Welt exportiert.

P. incarnata

P. indecora Kunth in HBK — Nov. Gen. Sp. 2:134 (1817)

Hierbei handelt es sich um eine in Liebhaberkreisen wenig verbreitete Art der Untergattung Plectostemma. Ursprünglich stammt *P. indecora* aus den Bergen Ecuadors. Dort kommt sie noch in einer Höhe von 2000 m vor.
Die pflegeleichte Art wächst im Freiland willig und blüht von Anfang Mai bis in den Oktober hinein. Ihre grünlich-weißen Blüten erreichen einen Durchmesser von fast 4 cm. Teilweise sind die Kelch- und Kronblätter zur Blüttenmitte hin leicht violett gefärbt. Bemerkenswert sind die purpurfarbenen Brakteen der Blüten. Die deutlich zweigelappten Blätter messen eine Länge von höchstens 7,5 cm, bei Topfpflanzen bleiben sie deutlich kleiner.
Ende Oktober wird *P. indecora* spätestens in das Winterquartier gebracht. Bei Temperaturen oberhalb von 7° C kommt die Pflanze problemlos über den Winter.

Untergattung:	Plectostemma
Stengel:	kantig, gefurcht
Blattstiel:	bis 2,5 cm; ohne Drüsen
Nebenblätter:	bis 0,8 cm, purpur
Blätter:	2,5-7,5 x 2,5-7,2 cm
Blütenstiel:	einzeln/paarweise, bis 3 cm
Strahlenkranz:	2-reihig

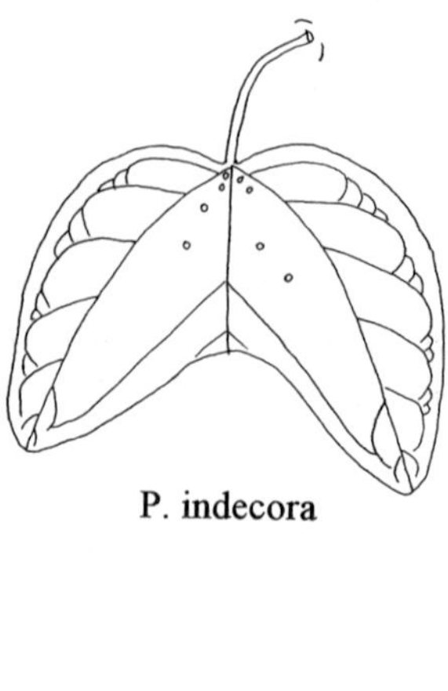

P. indecora

P. ligularis Juss.

Ann. Mus. Hist. Nat. 6:113 (1805)

Ähnlich wie *P. edulis* wird *P. ligularis* weltweit als Nutzpflanze angebaut. Ihr ursprüngliches Verbreitungsgebiet ist auf die 1000 bis 3000 m hohen Berge Perus, Boliviens, Ecuadors, Venezuelas und die anliegenden Staaten begrenzt.
Die wohlschmeckenden, gelblich-orange-braunen Früchte sind auch bei uns erhältlich und gelten als die schmackhaftesten aller Passionsfrüchte. Sie gleichen einer kleinen, glatten Orange, sind aber lang-tropfenförmig ausgezogen. Die jungen Früchte sind zunächst grün, erst später werden sie orange-gelb.
Die frischen Samen keimen nach zwei Wochen und wachsen schnell zu ansehnlichen Jungpflanzen heran.
Charakteristisch sind die fadendünnen Nektardrüsen am Blattstiel. Stengel und Blätter sind völlig glatt, der wachsige Überzug sorgt für einen "speckigen Glanz". Die attraktiven, herzförmigen Blätter können eine Länge von bis zu 20 cm erreichen.
Leider ist diese Art in unseren Breiten nicht sehr blühfreudig. Selbst ein fast 5 m hohes Exemplar im Gewächshaus des Alten Botanischen Gartens in Göttingen hat bisher nur zwei Blüten hervorgebracht. Ähnliches gibt es von anderen Passiflora-Liebhabern zu berichten.
Auch unsere vier Sämlingspflanzen mit einer Größe von jeweils 2 m haben bisher noch nicht geblüht.

Untergattung:	Passiflora
Stengel:	zylindrisch, gefurcht
Blattstiel:	2-9 cm; 3-6 Drüsen
Nebenblätter:	1,5-3,3 x 0,7 cm
Blätter:	8-18 x 6-15 cm
Blütenstiel:	einzeln/paarweise, bis 4,5 cm
Strahlenkranz:	mehrreihig

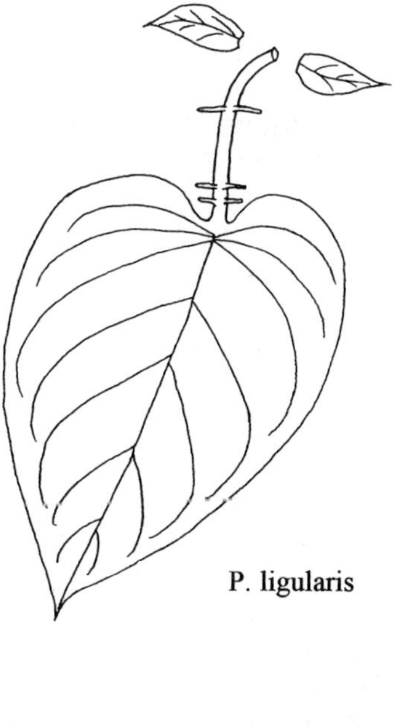

P. ligularis

Es gehört scheinbar etwas Glück dazu, diese Art zum Blühen zu bringen. Das üppige, schwere Laub macht sie auch ohne Blüten bemerkenswert. Der Blütendurchmesser kann bis zu 10 cm betragen. Die wohlriechenden, hellvioletten Blüten hängen unter dem Laub.
P. ligularis ist ebenfalls eine Art der Berge und sollte daher nicht zu warm kultiviert werden.

P. lutea L. Sp. Pl. 958 (1753)

Untergattung:	Plectostemma
Stengel:	schmächtig
Blattstiel:	bis 5 cm; ohne Drüsen
Nebenblätter:	bis 0,5 cm, borstenförmig
Blätter:	3-7 x 3-15 cm
Blütenstiel:	einzeln/paarweise, bis 4 cm
Strahlenkranz:	2-reihig

P. lutea zählt zu den härteren Passionsblumen-Arten. Für eine ganzjährige Freilandkultur ist sie allerdings nur bedingt geeignet, da sie nur bis -10° C als frostresistent gilt. Eine Überwinterung im Freiland ist nur bei entsprechendem Frostschutz zu empfehlen. Laub und Tannenzweige reichen hier nicht mehr aus. Der Wurzelstock sollte zusätzlich mit mehrlagiger Luftpolsterfolie geschützt werden.
Die Triebe der in Nordamerika wachsenden Art sterben im Winter ab. Der Neuaustrieb kann jährlich eine Höhe von bis zu 3 m erreichen.
Die kleinen grünlich-gelben Blüten bringen im Herbst haselnußgroße Früchte hervor, die sich mit zunehmender Reife dunkel-purpur verfärben.
Neben der Vermehrung durch Stecklinge und Samen kann man *P. lutea* mit gutem Erfolg durch Wurzelschnittlinge vermehren.

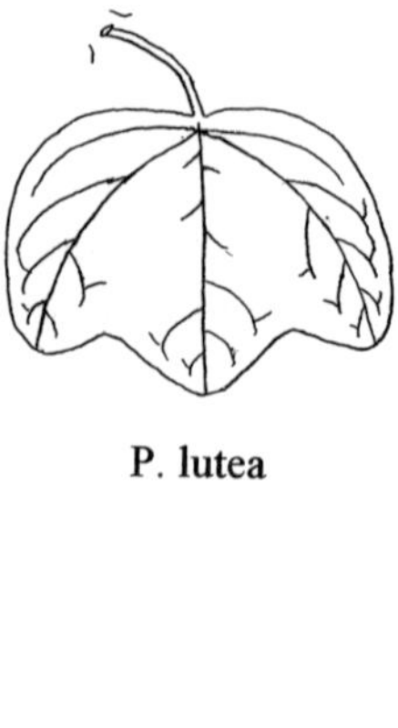

P. lutea

P. macrophylla Spruce ex Mast.

J. Linn. Soc. Bot. 20:31 (1883)

Diese absolute Liebhaberpflanze möchte man auf den ersten Blick nicht für eine Passionsblume halten. Es fehlen nicht nur die typischen Sproßranken und die Blattstieldrüsen, der gesamte Habitus hat keinerlei Ähnlichkeit mit den übrigen in diesem Buch beschriebenen Arten.

P. macrophylla gehört zu einer kleinen Gruppe von etwa 30 wenig kultivierten Arten, die alle eine für die Gattung Passiflora ungewöhnliche Wuchsform aufweisen. Es sind keine Kletterpflanzen, sondern Büsche und Bäume.

Bei *P. macrophylla* handelt es sich um einen bis zu 5 m hohen, unverzweigten Baum des Unterholzes. Diese aus Kolumbien und Ecuador stammende Art ist sehr empfindlich. Sie ist ausschließlich für die ganzjährige Gewächshauskultur geeignet. Überwintert wird sie bei Temperaturen um 18° C. *P. macrophylla* unter Glas zur Blüte zu bringen, stellt sicherlich eine Herausforderung für jeden Passiflora-Liebhaber dar. Ein Blütenstand besteht aus 2-12 etwa 6 cm großen, weiß-gelben Einzelblüten.

Bemerkenswert sind die ungelappten Blätter mit einer Länge von bis zu 95 cm. Damit besitzt diese Art wohl die größten Blätter dieser Gattung. In ungefähr einem halben Zentimeter Entfernung von der Blattbasis findet man rechts und links auf dem Hauptnerven sitzend zwei gelbe Nektardrüsen.

Untergattung:	Astrophea
Stengel:	ältere Stämme holzig
Blattstiel:	bis 6 cm; ohne Drüsen
Nebenblätter:	0,1 cm, früh abfallend
Blätter:	22-95 x 10-35 cm
Blütenstand:	8-25 cm
Strahlenkranz:	2- bis 3-reihig

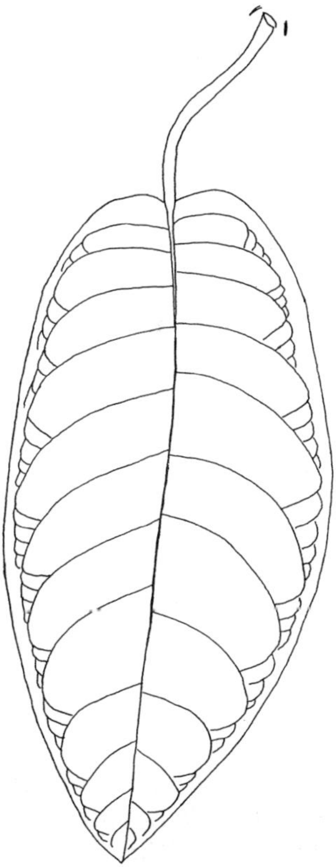

P. macrophylla

P. maliformis L. Sp. Pl. 956 (1753)

P. maliformis zählt zu den anspruchsvolleren Arten, deren Kultur ganzjährig im Gewächshaus erfolgen sollte. Die purpur-weißen, duftenden Blüten der in weiten Teilen Südamerikas verbreiteten Art hängen wie Lampenschirme nach unten. Sie erreichen einen Durchmesser von 6-7 cm.

Mit einer Länge von 4-6 cm sind die Brakteen, ähnlich wie bei *P. platyloba,* bemerkenswert groß.

Die eßbaren Früchte sind zunächst grün und verfärben sich schießlich gelblich, sobald sie reif sind. Mit ihrer harten Schale sind sie schwer zu öffnen.

Die ungelappten Blätter erreichen eine Länge von 6-25 cm.

Untergattung:	Passiflora
Stengel:	zylindrisch, gefurcht
Blattstiel:	bis 5 cm; 2-4 Drüsen
Nebenblätter:	bis 1 cm, strichförmig
Blätter:	6-25 x 3,5-15 cm
Blütenstiel:	einzeln, 5-7 cm
Strahlenkranz:	4-reihig

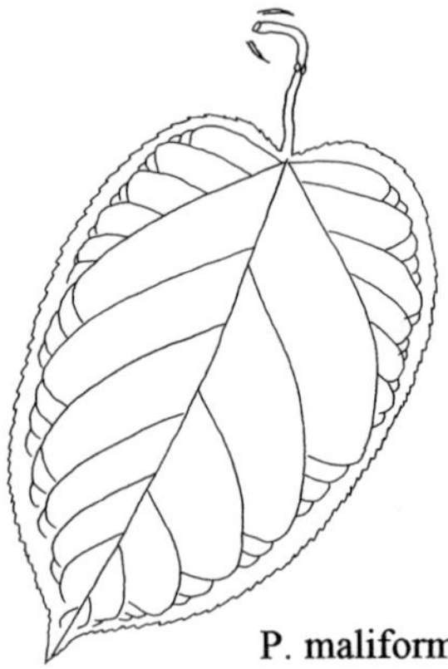

P. maliformis

P. manicata (Juss) Pers. Syn. Pl 2.221 (1807)

Hierbei handelt es sich um eine Art, die die Hochtäler der Anden in etwa 2500 m Höhe bewohnt, wo sie sich frischer Luft und intensiver Sonneneinstrahlung erfreut; entsprechend derb sind die glänzenden Blätter.

Zwar gehört *P. manicata*, ebenso wie *P. antioquiensis*, in die Untergattung Granadillastrum, ihre Ansprüche sind jedoch durchaus mit denen der Tacsonien vergleichbar.

Untergattung:	Granadillastrum
Stengel:	zylindrisch bis kantig
Blattstiel:	bis 4 cm; 4-10 Drüsen
Nebenblätter:	0,5-1,5 x 0,5-2 cm
Blätter:	4,5-10 x 4,5-13 cm
Blütenstiel:	einzeln, bis 5-10 cm
Strahlenkranz:	mehrreihig

Die Blütenfarbe muß man als intensiv rot bezeichnen. Sicher hat diese Art, zusammen mit *P. coccinea*, die leuchtendste Blütenfarbe aller Passionsblumen.
Für *P. manicata* ist die sommerliche Freilandkultur als Kübelpflanze, also Sonne, Regen und frische Luft, ideal.

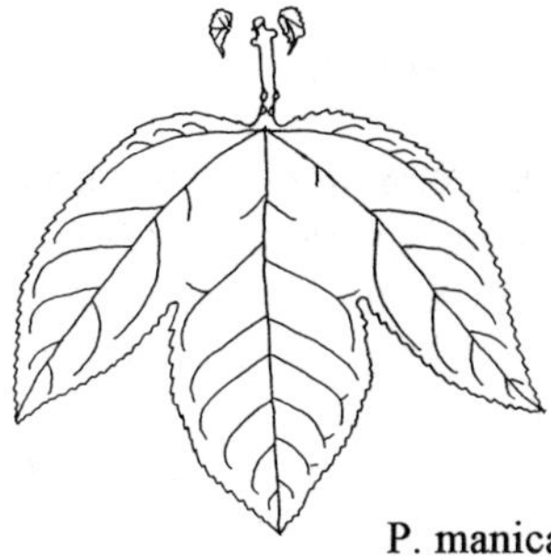

P. manicata

P. menispermifolia HBK

Nov. Gen. Sp. 2:137 (1817)

Untergattung: Passiflora	
Stengel:	stämmig, zylindrisch
Blattstiel:	bis 4 cm; 2-6 Drüsen
Nebenblätter:	1-3 x 0,5-1,5 cm
Blätter:	5-16 x 8-15 cm
Blütenstiel:	einzeln, bis 4-6 cm
Strahlenkranz:	mehrreihig

Die blauvioletten Blüten von *P. menispermifolia* können eine Größe von bis zu 8 cm erreichen. Obwohl sie problemlos zu halten ist, findet man die vergleichsweise schwachwüchsige Art nur relativ selten in Sammlungen. Wird sie während der Wintermonate oberhalb von 18° C gehalten, können ganzjährig zahlreiche Blüten erscheinen. Stecklinge bewurzeln leicht, benötigen aber einige Zeit, bis sich der Neuaustrieb zeigt. Hat der Neuaustrieb eine Länge von etwa 10 cm erreicht, erscheinen oft schon die ersten Knospen.
Die 3-gelappten Blätter sind, wie überhaupt die gesamte Pflanze, dicht behaart. Problematisch wird dieses Haarkleid bei Schädlingsbefall durch Woll- und Schmierläuse. Die Plagegeister können kaum aus den Haaren entfernt werden. Oft hilft nur ein rigoroser Rückschnitt.
Nektardrüsen, die vergleichsweise viel Sekret absondern, finden sich nicht nur am Blattstiel, sondern auch an den Blatträndern.

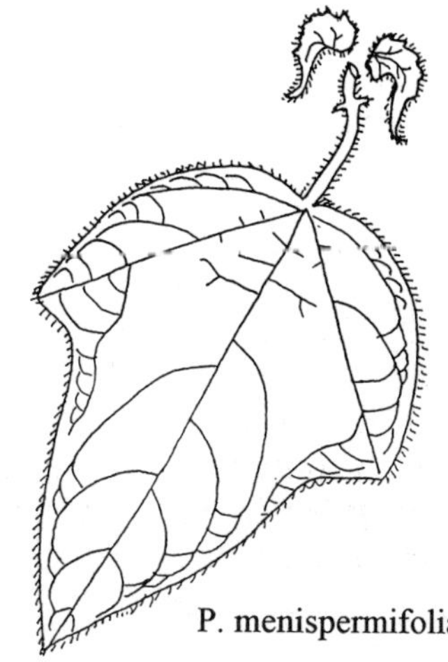

P. menispermifolia

P. mixta L.f. Suppl. 408 (1781)

Abgesehen von der kultivierten und oft verwilderten *P. mollissima*, ist diese Art die häufigste Tacsonie in den Hochlagen Südamerikas. Oft wächst sie noch in 3500 m Höhe, wo die derben, lederartigen Blätter der naßkalten Witterung und der intensiven Sonnenstrahlung trotzen.
Auch den wachsartig, steifen Blüten kann der Regen nichts anhaben. Das natürliche Vorkommen unter rauhen Bedingungen sollte bei der Kultur berücksichtigt werden. Die Blüten stehen schräg ab, sind orange-rot bis rosa und sehr groß. Bei der *var. pilaloensis* kann das Hypanthium eine Länge von 15 cm erreichen. Man mag sich fragen, welche Tiere solche Luxusblüten an den natürlichen Standorten besuchen und bestäuben.
In den südamerikanischen Anden sind Kolibris häufige Blütengäste. Meist sind die Schnäbel dieser Vögel jedoch nicht lang genug, um an den Nektar am Grund der fingerlangen Blütenrohre zu kommen. Viele Kolibris verschaffen sich daher Zugang zum Nektar, indem sie die Blütenröhre von der Seite her durchbohren. Auf diese Art und Weise wird die Blüte allerdings nicht bestäubt. Lediglich eine einzige, seltene Art, der Schwertschnabelkolibri, hat einen 10 cm langen Schnabel (ebenso lang wie der Vogel selbst!)
Dies ist die einzige Tierart, die die Tacsonien bestäuben kann. Folglich deckt sich das Verbreitungsgebiet des seltenen Kolibris genau mit dem der Passiflora-Untergattung Tacsonia.

Untergattung:	Tacsonia
Stengel:	schlank, kantig bis zylindrisch
Blattstiel:	bis 8 cm; 4-10 Drüsen
Nebenblätter:	0,5-3 x 0,2-2 cm,
Blätter:	3,5-12 x 5-17 cm
Blütenstiel:	sehr stämmig, bis 4 cm
Strahlenkranz:	einreihig

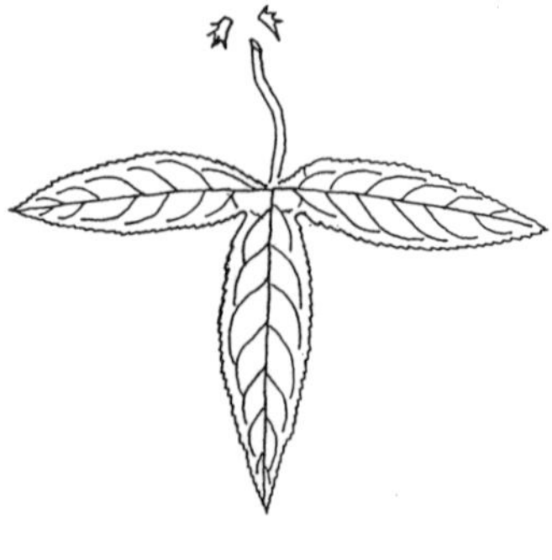

P. mixta

P. mollissima (HBK) Bailey Rhodora 18:156 (1916)

Untergattung: Tacsonia	
Stengel:	kantig, gefurcht
Blattstiel:	bis 4 cm; 8-12 Drüsen
Nebenblätter:	0,5-1 cm x 0,2-0,5 cm
Blätter:	5-12 x 6-14 cm
Blütenstiel:	einzeln, 2-7 cm
Strahlenkranz:	einreihig

Die meisten Tacsonien haben mehr oder weniger wohlschmeckende Früchte, aber nur *P. mollissima* wird im großen Umfang in fast allen Andenländern als Obstpflanze kultiviert. Mit ihren auffälligen, leuchtend rosafarbenen Blüten ist *P. mollissima* die bei uns bekannteste Vertreterin dieser Untergattung.

Die länglichen Früchte ähneln einer ca. 10 cm langen, geraden kanarischen Banane. Da sie weich, wenig haltbar und etwas sauer sind, werden sie kaum nach Europa exportiert. Folglich werden die grünlich-gelben Früchte nur selten unter dem Namen Curuba hierzulande in den Obstabteilungen oder auf dem Wochenmarkt angeboten. Dafür werden sie in den Andenländern gerne als Grundstoff für Saft und Speiseeis genommen. In Kolumbien genießt *P. mollissima* sogar den Status einer Nationalfrucht. Angepaßt an die Witterung der Hochlagen Südamerikas, verträgt *P. mollissima* im Sommer nur mäßige Temperaturen. Ihre Kultur ist aus diesem Grunde in unseren Breiten recht schwierig. Den Sommer über sollte diese Art im Freiland gepflegt werden. Ein für unsere Begriffe schlechter Sommer, wie es 1993 und 1996 mit viel Regen und Temperaturen von 15°C bis 25°C der Fall war, ist für die Pflanze ideal. Sind diese Bedingungen gegeben, erscheinen im Spätsommer zahlreiche Blüten, deren Durchmesser 12 cm betragen kann. Die Überwinterung sollte in einem möglichst hellem Raum bei 5°C bis 10°C erfolgen. Laut Flora of Ecuador lautet der korrekte Name für diese Pflanze *P. tripartita* var. *mollissima*.

P. mollissima

P. morifolia Mast.

in Mart. Fl. Bras. 13, pt. 1:555 (1872)

Eine Art, die ohne Probleme als Zimmerpflanze gehalten werden kann, ist die aus Argentinien, Kolumbien, Peru und Venezuela stammende *P. morifolia*. Sie gibt sich mit einem kleinen Blumentopf, der auf jeder Fensterbank Platz findet, zufrieden. Wenn auch im Winter Temperaturen über 16° C gewährleistet sind, blüht sie das ganze Jahr über.
Die weiß-purpurfarbenen, wohlriechenden Blüten sind mit einem Durchmesser von 3-4 cm recht klein. Die dunkelpurpurfarbenen Früchte, die unseren Zwetschgen ähneln, hängen gemeinsam mit weiteren Blüten an der Pflanze. Leicht läßt sich diese Art durch die zahlreichen Samen der Früchte vermehren.

Untergattung:	Plectostemma
Stengel:	kantig
Blattstiel:	bis 5 cm; 2 Drüsen
Nebenblätter:	0,2-0,7 x 0,1-0,3 cm,
Blätter:	4-8 x 5-10 cm
Blütenstiel:	einzeln, bis 4 cm
Strahlenkranz:	einreihig

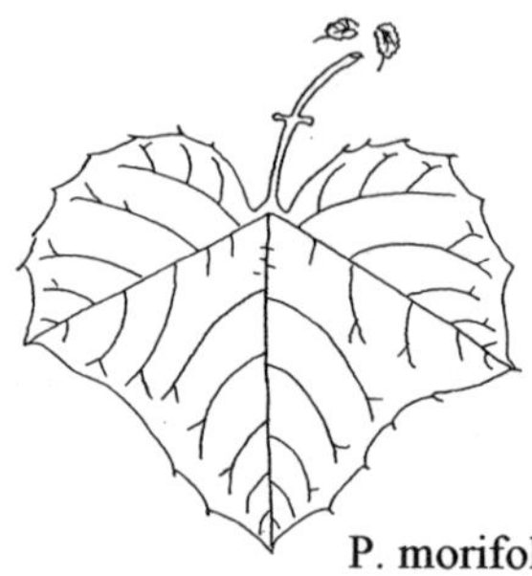
P. morifolia

P. perfoliata L.

Sp. Pl. 956 (1753)

Die in Jamaika beheimatete *P. perfoliata* zählt zu den pflegeleichten Arten, die auch im Winter bei Temperaturen von über 12° C munter weiterwachsen. Trotzdem ist sie nur in wenigen Sammlungen zu finden.
Auffällig sind die tief 2-gelappten Blätter. Der Winkel, in dem die beiden Hauptnerven aufeinander treffen, kann mehr als 90° betragen.

Untergattung:	Pseudomurucuja
Stengel:	kantig, gefurcht
Blattstiel:	bis 1 cm; ohne Drüsen
Nebenblätter:	bis 0,3 cm, strichförmig
Blätter:	4,5-9 x 6-12 cm
Blütenstiel:	einzeln/paarweise, bis 3 cm
Strahlenkranz:	einreihig

Manchmal findet man noch einen kurzen, bis zu 1 cm langen Mittellappen vor. Von Juli bis September erscheinen die rosa-roten, etwa 5 cm großen Blüten. Der kurze, gelbliche Strahlenkranz steht aufrecht.

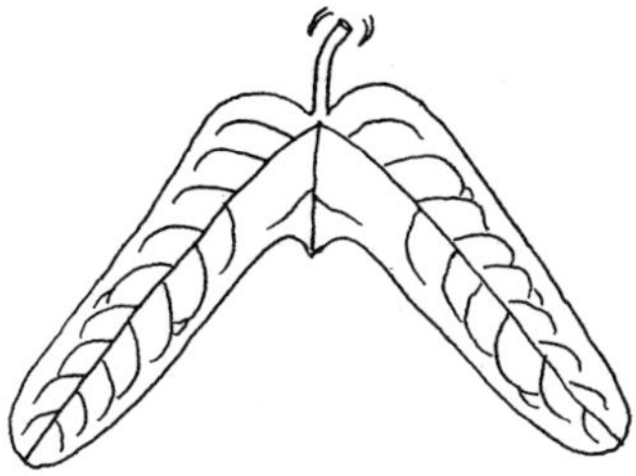

P. perfoliata

P. pinnatistipula Cav. Icon. Pl. 428 (1799)

P. pinnatistipula besitzt einen für Tacsonia-Arten verhältnismäßig langen äußeren Strahlenkranz. Die ca. 2 cm langen Strahlen sind entweder violett oder weiß und nur an der Basis violett. Der innere, tief violette Strahlenkranz ist mit einer Länge von etwa 1 mm sehr kurz.

Bemerkenswert sind ebenfalls die Hochblätter (Brakteen), die im Gegensatz zu den meisten anderen Tacsonien nicht verwachsen, sondern frei sind.

Das bräunlich-rosafarbene Hypanthium ist mit einer Länge von 4-5 cm vergleichsweise kurz. Die wunderschönen, purpurroten bis violetten Blüten erreichen einen Durchmesser von 6-10 cm.

Die in den Hochlagen (2500 bis 3800 m) der Anden beheimatete Art bringt gelbgrüne bis bräunlich-purpurfarbene Früchte hervor, die unter dem Namen Cholupa oder Gulupa in geringen Mengen nach Europa exportiert werden.

Untergattung:	Tacsonia
Stengel:	flaumig behaart
Blattstiel:	bis 2 cm; 2-6 Drüsen
Nebenblätter:	bis 1 cm, gefiedert
Blätter:	6-12 x 7,5-14 cm
Blütenstiel:	einzeln, 2,5-7 cm
Strahlenkranz:	2-reihig

P. pinnatistipula

P. platyloba Killip

J. Wash. Acad. Sci. 12:260 (1922)

Hierbei handelt es sich um eine von Guatemala bis Costa Rica beheimatete Art, die weiße, rosa-blaue Blüten hervorbringt. Die duftenden Blüten haben eine Größe von 4-5 cm. Auffallend sind die großen Hochblätter (Brakteen) der Blüte.
Im Institut für tropische Nutzpflanzen in Witzenhausen steht eine herrlich blühende Pflanze im Kalthaus. Im Warmhaus hingegen wächst die Art sehr stark, blüht dafür allerdings nur schlecht. *P. platyloba* ist daher neben der Kalthauskultur für den Kübel geeignet und bringt auch im Freiland zahlreiche Blüten hervor.

Untergattung:	Passiflora
Stengel:	dick, zylindrisch
Blattstiel:	bis 7 cm; 2 Drüsen
Nebenblätter:	bis 1,2 cm, strichförmig
Blätter:	10-14 x 12-18 cm
Blütenstiel:	einzeln, bis 7 cm
Strahlenkranz:	mehrreihig

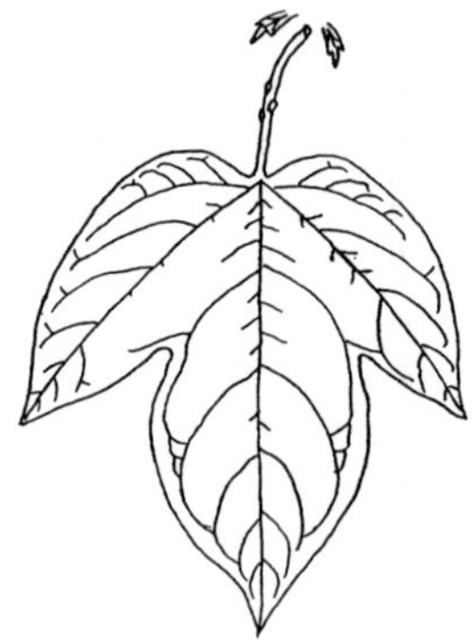

P. platyloba

P. quadrangularis L.

Syst. ed. 10:1248 (1759)

P. quadrangularis ist zweifellos eine der beliebtesten Passionsblumen. In vielen botanischen Gärten kann man die imposanten Pflanzen von bis zu 6 m Höhe bewundern. Kleinere Gewächshäuser bieten dieser Art bald keinen Platz mehr. Auch außerhalb des Gewächshauses erzielt man gute Erfolge mit im Freiland ausgepflanzten Exemplaren.

Untergattung:	Passiflora
Stengel:	dick, 4-eckig mit Flügelleisten
Blattstiel:	bis 7 cm; 4/6 Drüsen
Nebenblätter:	2-3,5 x 1-2 cm
Blätter:	10-25 x 8-15 cm
Blütenstiel:	einzeln, bis 3,5 cm
Strahlenkranz:	5-reihig

In humoser Erde wachsen sie schnell zu stämmigen Pflanzen heran und bilden in sonniger Lage, ebenso wie im Gewächshaus, Blüten aus.
Anfang Oktober holt man die Pflanze in das Winterquartier. Bei Temperaturen von über 13° C wird *P. quadrangularis* in der Regel überwintert. Im Laufe der Zeit können die Pflanzen auch an kühlere Temperaturen gewöhnt werden, so daß ältere Exemplare Temperaturen von 8° C - 10° C tolerieren.
Auffällig sind die vier Flügelleisten des Stengels. Schon die jüngsten Internodien besitzen diese Flügelleisten.
Ein Durchmesser von über 12 cm ist bei den Blüten keine Seltenheit. Die zumeist dunkel-roten Kelch- und Kronblätter werden größtenteils von dem weit geöffneten purpur-weiß gebänderten Fadenkranz verdeckt. Die zum Ende hin gewellten Fäden sind bis zu 6 cm lang.
Die grünlich-gelben Früchte sind die größten aller Passionsblumen. Sie können bis zu 25 cm lang werden und wiegen nicht selten über 3 kg. Das Fruchtfleisch ist durchaus wohlschmeckend, weshalb *P. quadrangularis* in den USA auf riesigen Plantagen als Obstpflanze angebaut wird. Die Früchte werden allerdings kaum nach Europa exportiert. Während die Pflanzen hierzulande im Freiland keine Früchte ansetzen, sind im Gewächshaus bei Handbestäubung Früchte zu erwarten.
Laut Vanderplank handelt es sich bei den in Europa kultivierten Pflanzen nicht um die echte *P. quadrangularis*, sondern um *P. x decaisneana*.

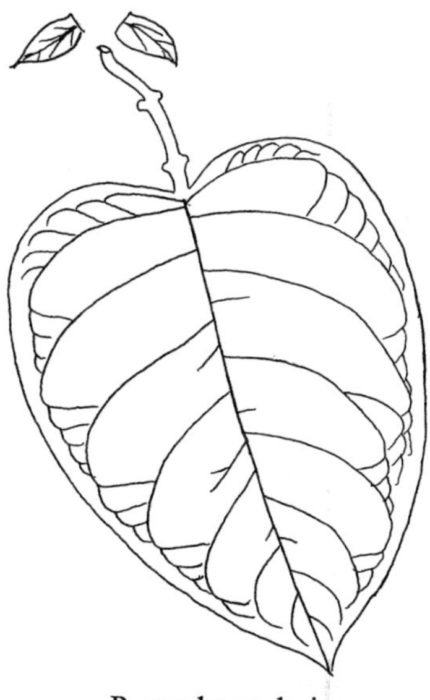

P. quadrangularis

P. racemosa Brot.

Trans. Linn. Soc. 12:71 (1871)

Untergattung:	Calopathanthus
Stengel:	annähernd viereckig
Blattstiel:	2-4 cm; 2 Drüsen
Nebenblätter:	1-1,5 x 0,8-1 cm
Blätter:	4-10 x 6-12 cm
Blütenstiel:	einzeln/paarweise, bis 2 cm
Strahlenkranz:	3-reihig

Eine sehr pflegenswerte Art ist die in Brasilien beheimatete *P. racemosa.* Sie gehört zu den wenigen Arten, die durch Reduktion der Laubblätter wunderschöne Blütentrauben hervorbringen.

Oftmals findet man diese Art frei ausgepflanzt in den Sukkulentenhäusern der botanischen Gärten. Dort blüht sie fast das gesamte Jahr über.

Als Kübelpflanze oder in der Wohnung ist diese Art durchaus zu pflegen, auf Blüten wird man in der Regel jedoch verzichten müssen.

Ideale Bedingungen können *P. racemosa* nur in einem Gewächshaus geboten werden.

Bis zu zwölf leuchtend rote Blüten erscheinen an einem Stiel. Davon sind jedoch höchstens 3 Blüten gleichzeitig geöffnet. Auffällig ist die entlang der Rückseite der Kelchblätter verlaufende kielartige Leiste.

Ihre 3-gelappten Blätter sind 4-10 cm lang, lederig und dunkelgrün. Eine Vermehrung durch Stecklinge ist mühsam, da sie im Vergleich zu anderen Arten langsam bewurzeln. Es empfiehlt sich, nur halbverholzte Stecklinge zu verwenden.

P. racemosa

P. rubra L.

Sp. Pl. 956 (1753)

Es ist sicher nicht die Größe der Blüten, die diese Art auszeichnet, sondern vielmehr ihre Unkompliziertheit. Sie blüht sowohl im Gewächshaus als auch im Freiland oder Zimmer. Wird die Art in einem Gewächshaus frei ausgepflanzt, entwickelt sie meterlange Triebe mit zahlreichen Blüten.
Wie bereits erwähnt, wird *P. rubra* leicht mit *P. capsularis* verwechselt. Lediglich ihre gelblich-rosagrünen Blüten unterscheiden sie von *P. capsularis*.
Die Blattformen dieser Arten sind nahezu identisch, manchmal neigt *P. rubra* jedoch zu gespaltenen Blattlappen.

Untergattung:	Plectostemma
Stengel:	dünn, 3- bis 5-eckig
Blattstiel:	bis 5 cm; ohne Drüsen
Nebenblätter:	bis 0,5 cm, pfriemförmig
Blätter:	4-10 x 4-12 cm
Blütenstiel:	einzeln, 1-3 cm
Strahlenkranz:	1- bis 2-reihig

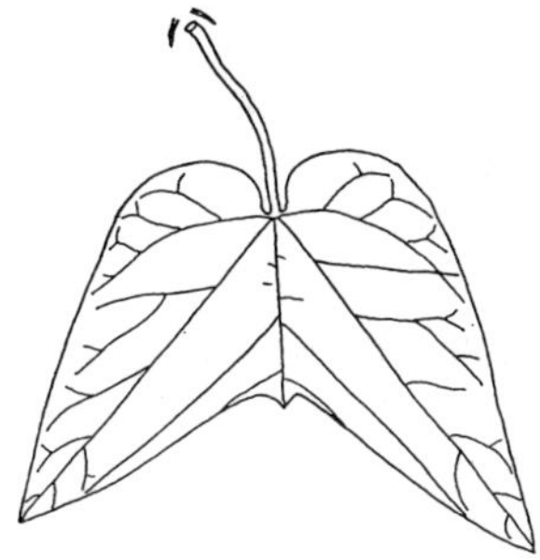

P. rubra

P. sanguinolenta Mast.

Gard. Chron. 1162 (1868)

Eine sehr dankbare und typische Anfängerpflanze ist *P. sanguinolenta.* Ohne viel Mühe ist diese Art zur Blüte zu bringen. Ihre rosa-farbenen Blüten erscheinen an langen Stielen. Da der Durchmesser der Blüten nur 4-5 cm beträgt, ist es die große Anzahl der Blüten, die diese Art so pflegenswert macht.
Selbst in relativ kleinen Töpfen erscheinen von Juni bis in den November hinein die Blüten. Die aus den Bergen Ecuadors stammende Art ist deshalb auf der ganzen Welt beliebt.

Untergattung:	Psilanthus
Stengel:	kantig
Blattstiel:	bis 2 cm; ohne Drüsen
Nebenblätter:	bis 0,5 cm, borstenförmig
Blätter:	2-4,5 x 3,5-9 cm
Blütenstiel:	einzeln, bis 5 cm
Strahlenkranz:	2-reihig

P. sanguinolenta ist zusammen mit *P. citrina* und *P. caerulea* und einigen weiteren Arten die ideale Zimmerpflanze. Als Kübelpflanze auf dem Balkon macht sie ebenfalls einen guten Eindruck.
Im Winter gönnt man ihr bei etwa 10° C (Minimumtemperatur 7° C) die nötige Ruhe, damit sie im kommenden Frühjahr wieder viele Blüten ausbildet.

P. sanguinolenta

P. serratifolia L. Sp. Pl. 955 (1753)

In der Zeit von Mai bis Oktober bringt *P. serratifolia* violett-purpurfarbene Blüten hervor. Ihre stark duftenden Blüten erreichen einen Durchmesser von 7 cm. Der dichte und gewellte Strahlenkranz verdeckt die zurückliegenden Blütenblätter fast vollständig. Die süßen, eßbaren Früchte entstehen nur im Gewächshaus durch Befruchtung mit einer weiteren, nicht verwandten Pflanze der gleichen Art.
Ihre Heimat reicht von Mexiko bis Costa Rica, wo die Pflanze leicht Höhen von über 4 m erklimmt.
Die ungeteilten Blätter sind am Rand gesägt und können bis zu 12 cm lang werden.
Überwintert wird *P. serratifolia* bei einer Temperatur von 10° C - 15° C.

Untergattung:	Passiflora
Stengel:	kantig
Blattstiel:	5-12 cm; 4-8 Drüsen
Nebenblätter:	bis 0,8 cm, pfriemförmig
Blätter:	8-12,5 x 4-7,5 cm
Blütenstiel:	einzeln, 5-10 cm
Strahlenkranz:	vielreihig

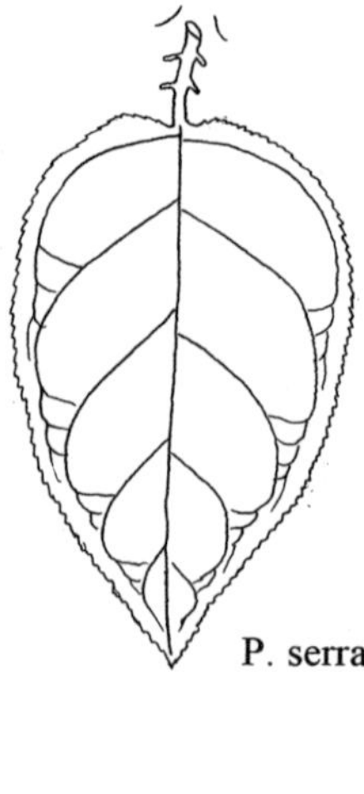

P. serratifolia

P. suberosa L. — Sp. Pl. 958 (1753)

Untergattung:	Plectostemma
Stengel:	kantig, gefurcht, kahl bis leicht flaumig behaart
Blattstiel:	0,5-4 cm; 2 Drüsen
Nebenblätter:	bis 0,8 cm, strichförmig
Blätter:	2,5-11 x 2,5-9,5 cm
Blütenstiel:	einzeln/paarweise, bis 3 cm
Strahlenkranz:	2-reihig

Angesichts der großen Anzahl von Passionsblumen mit wunderschönen und auffälligen Blüten sollte man mit *P. suberosa* zur Abwechslung eine Art mit unscheinbaren Blüten kultivieren.
Charakteristisch ist der bei älteren Exemplaren verkorkte Stengel.
Die in weiten Teilen Südamerikas verbreitete Art ist schnellwüchsig. Sie trägt überwiegend 3-gelappte Blätter, die in ihrer Form stark variieren können.
Von Juni bis August bringt sie unzählige grünliche, etwa 1,5 cm große Blüten hervor. Die restliche Zeit des Jahres erscheinen immer wieder einige Blüten. Durch Selbstbefruchtung entwickeln sich regelmäßig zunächst grüne, später blauschwarze Beerenfrüchte.
P. suberosa ist anspruchslos und durchaus als Zimmerpflanze geeignet. Selbst an vergleichsweise schattigen Standorten ist mit Blüten zu rechnen.
Ob als Zimmer-, Kübel- oder Gewächshauspflanze ist *P. suberosa* eine Bereicherung für jeden Passiflora-Liebhaber.

P. suberosa

P. subpeltata Ortega

Nov. Rar. Pl. Hort. Matrit. 6:78 (1798)

In der ganzen Welt ist diese pflegeleichte Art bekannt. Leider wird sie oft mit *P. eichleriana* verwechselt. *P. eichleriana* hat zwar ähnliches Laub, doch sind ihre weißen Blüten wesentlich größer.
Beheimatet ist *P. subpeltata* von Mexiko bis Kolumbien, wo sie bis zu einer Höhe von fast 3000 m vorkommt. Ihre weißen Blüten, die in der Regel zwei Tage geöffnet sind, erreichen einen Durchmesser von 4-5 cm.
Im Winter verlangt sie eine Temperatur oberhalb von 12° C. Bei einer Überwinterung im Wohnhaus oder im heizbaren Gewächshaus ist dies leicht möglich.

Untergattung:	Passiflora
Stengel:	kantig
Blattstiel:	4-6 cm; 4-6 Drüsen
Nebenblätter:	1-4 x 0,5-2 cm
Blätter:	4-9 x 5-12 cm
Blütenstiel:	einzeln, 4-6 cm
Strahlenkranz:	5-reihig

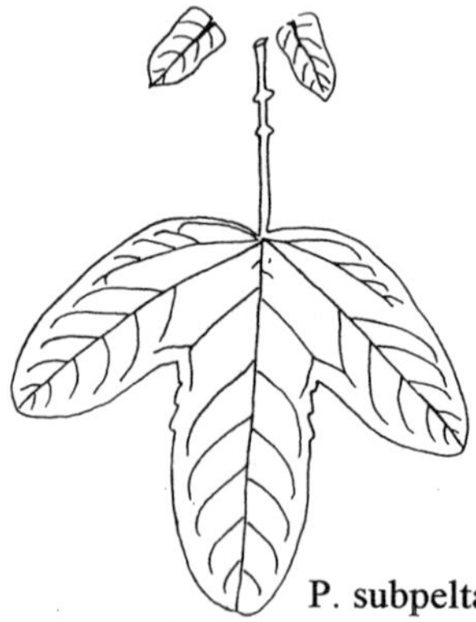
P. subpeltata

P. trifasciata Lemaire

Illus. Hort. 15:pl 544 (1868)

P. trifasciata gehört zu den Arten, die ihrer attraktiven Blätter wegen kultiviert werden. Ihre länglich-eiförmigen, 5-10 cm langen Blätter sind 3-gelappt, oberseits braunrot mit silbergrauer oder rosafarbener Zone längs der drei Hauptnerven. Die Blattunterseiten sind purpurfarben.

Untergattung:	Plectostemma
Stengel:	kantig, gefurcht
Blattstiel:	1,5 cm; ohne Drüsen
Nebenblätter:	bis 0,5 cm, pfriemförmig
Blätter:	5-10 x 4-10 cm
Blütenstiel:	einzeln, 2-3 cm
Strahlenkranz:	2-reihig

Von Juli bis September bringt sie zahlreiche gelblich-weiße, 2-3 cm große Blüten hervor. Die Blüten sind unscheinbar und bestechen mehr durch ihren angenehmen Duft als durch ihre Größe.
P. trifasciata ist als Zimmer- und Kübelpflanze gleichermaßen geeignet. In regelmäßigen Abständen sollte diese Art durch Stecklinge verjüngt werden, da ältere Exemplare oft unansehnlich werden.

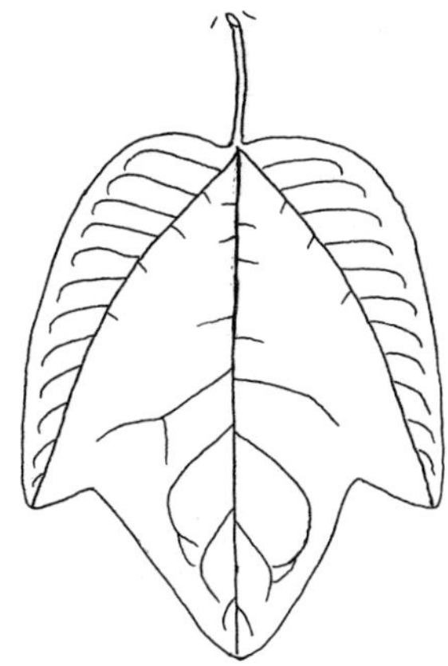
P. trifasciata

P. umbilicata (Griseb.) Harms.

in Engler & Prantl. Pflanzenfam. 3, 6a:91 (1893)

Eine sehr schön blühende Art ist die aus den Hochlagen Argentiniens und Boliviens stammende *P. umbilicata*. Sie bringt herrliche, violette bis dunkelblaue Blüten mit einem Durchmesser von 6-8 cm hervor. Ihre Blätter sind 3-gelappt und können bis zu 6 cm lang werden.
Den Sommer verbringt *P. umbilicata* im Freiland, wo nächtliche Abkühlung, Regen und Wind am ehesten den Bedingungen am natürlichen Standort entsprechen. Es ist darauf zu achten, daß die Pflanze über die Mittagsstunden beschattet ist.
P. umbilicata zählt zu den Arten, deren Vermehrung durch Stecklinge recht schwierig ist. Aus Samen hingegen können leicht Pflanzen gezogen werden. Leider ist frisches Saatgut kaum zu bekommen.

Untergattung:	Tacsonioides
Stengel:	nahezu kantig
Blattstiel:	bis 4 cm; 0/2 Drüsen
Nebenblätter:	1-2 x 0,5-1 cm
Blätter:	2-6 x 3,5-7,5 cm
Blütenstiel:	einzeln, bis 9 cm
Strahlenkranz:	5-reihig

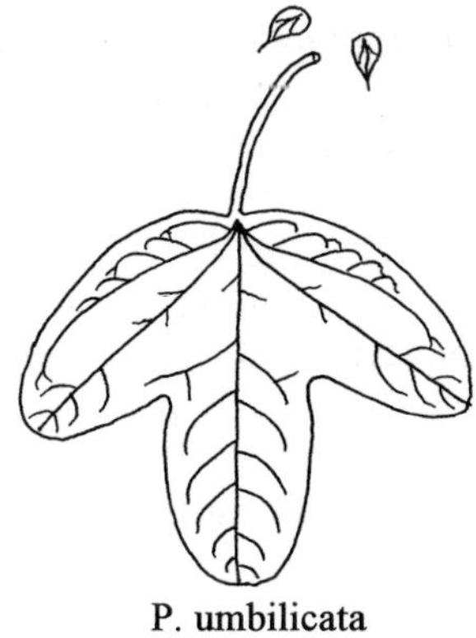
P. umbilicata

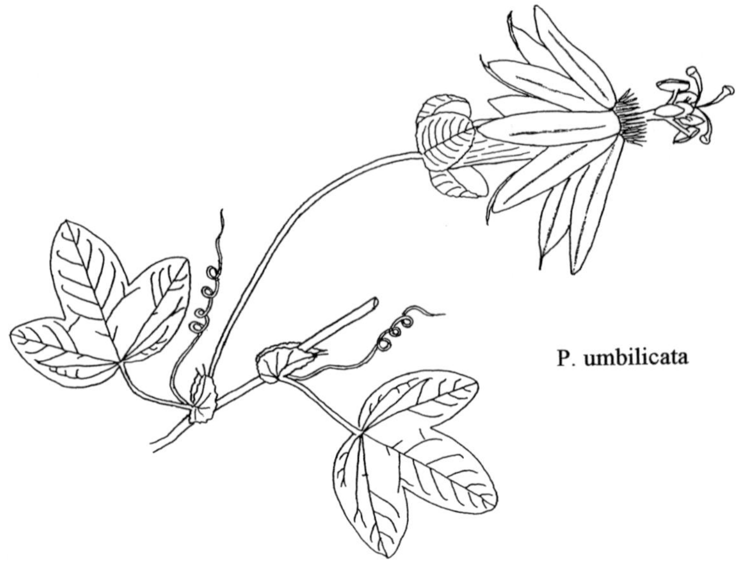

P. umbilicata

P. vitifolia HBK

Nov. Gen. Sp. 2:138 (1817)

P. vitifolia ist in den Wäldern von Venezuela bis Ecuador beheimatet. Mit ihren kräftigen Stengeln kann sie eine Höhe von bis zu 5 m erreichen. Die großen, 3-gelappten Blätter sind dicht behaart, wie überhaupt die gesamte Pflanze. An der Basis des Blattstiels findet man zwei Drüsen, selten kommen in der Stielmitte noch zwei bis drei Drüsen hinzu.

Die auffallenden, blutroten Blüten können einen Durchmessern von bis zu 15 cm erreichen. Die Fadenkränze sind recht kurz und stehen aufrecht. Der äußere Fadenkranz ist rot, die inneren weiß gefärbt. *P. vitifolia* hat, ebenso wie einige andere Arten, mit einer stachellosen Bienenart (Trigona fulviventris) zu kämpfen. Um an den Blütennektar zu gelangen hat diese Bienenart ein Verfahren entwickelt, daß nicht im Sinne der Pflanze sein kann.

Untergattung:	Distephana
Stengel:	kantig, samtig behaart, rostig braun
Blattstiel:	bis 5,5 cm; 2 Drüsen
Nebenblätter:	bis 0,5 cm, borstig
Blätter:	7-15 x 8-18 cm
Blütenstiel:	einzeln, bis 9 cm
Strahlenkranz:	3-reihig

Sie bohrt sich von unten durch den Blütenkelch und saugt den Nektar, ohne die Blüte zu bestäuben.
Zum Schutz vor diesem Nektarräuber hat *P. vitifolia* zusätzlich zu den Blattstieldrüsen an den Brakteen einige Nektardrüsen ausgebildet.
So lockt die Pflanze Ameisen, die gerne von dem süßen Drüsensekret naschen, bis zu den Blüten hinauf. Als Gegenleistung überwältigen und verjagen die Ameisen die unerwünschten Bienen.
Ohne Probleme kann *P. vitifolia* bei 12° C überwintert werden. Damit unterscheidet sie sich deutlich von anderen rot-blühenden Arten. Während *P. coccinea* und *P. quadriglandulosa* langfristig keine Temperaturen unterhalb von 15° C tolerieren, erweist sich *P. vitifolia* als eine der härtesten unter denn rot-blühenden Arten.
Unsere Pflanze verbringt die Zeit von Anfang Mai bis Mitte Oktober auf der Dachterrasse. Dort erscheinen die ersten Knospen bereits Anfang Juni.
Immer wieder werden die rot-blühenden Arten miteinander verwechselt. Wir möchten deshalb hier an dieser Stelle kurz auf einige Unterschiede zu *P. coccinea* und *P. quadriglandulosa* hinweisen. Während sich die Blüten von *P. vitifolia* und *P. coccinea* ziemlich ähnlich sind, können die Arten an Hand der Blätter leicht voneinander unterschieden werden, da *P. coccinea* ungelappte Blätter hat. Demgegenüber kommen bei *P. quadriglandulosa* ungelappte und 3-gelappte Blätter zu gleichen Teilen an der selben Pflanze vor.

P. vitifolia

Hybriden

Im 19. Jahrhundert begann man damit, Passionsblumen systematisch miteinander zu kreuzen. Es entstanden viele Hybriden, von denen die wenigsten heutzutage noch erhältlich sind. Seit einigen Jahren bemüht man sich, vornehmlich in England darum, durch Kreuzungsversuche viele der schon fast vergessenen Hybriden wieder neu zu erschaffen.
Eine Art, die sich besonders für Kreuzungen empfohlen hat, ist die unempfindliche und blühfreudige *P. caerulea*. Ihrem Anteil an den Kreuzungen mit anspruchsvolleren Arten, wie beispielsweise *P. racemosa* und *P. alata* ist es zu verdanken, daß diese Hybriden unter Freilandbedingungen blühen.
Neben dieser gewollten Einflußnahme sind im Laufe der Zeit auch einige unkontrollierte Hybriden entstanden. In der Enge der botanischen Gärten ist es möglich, daß sich einige Arten selbständig miteinander kreuzen können.

Tab. 7 - Passiflora-Hybriden

Hybriden	Überwinterungstemperatur	Blüten
P. 'Adularia'	10° C - 15° C	aprikosenfarben
P. sanguinolenta x citrina		Ø bis 6 cm
P. alato - caerulea / P. x belottii	5° C - 10° C	rosa, weiß, violett
P. alata x caerulea		Ø bis 12 cm
P. x allardii	7° C - 12 ° C	rosa, weiß, violett
P. 'Constance Elliott' x quadrangularis		Ø bis 9 cm
P. x colvillii	0° C - 5° C	weiß, violett
P. incarnata x caerulea		Ø bis 10 cm
P. x decaisneana	10° C - 15° C	rot, purpur, weiß
P. alata x quadrangularis		Ø bis 10 cm
P. x exoniensis	5° C - 10° C	rosa-rot
P. antioquiensis x mollissima		Ø bis 12 cm
P. 'Incense'	-8° C - 10° C	violett, weiß
P. incarnata x cincinnata		Ø bis 12 cm
P. x lawsoniana	10° C - 15° C	rot - braun
P. alata x racemosa		Ø bis 10 cm
P. 'Sunburst'	10° C - 15° C	grün, orange
P. gilbertiana x jorullensis		Ø bis 3 cm
P. x violacea	7° C - 12° C	purpur, weiß
P. caerulea x racemosa		Ø bis 12 cm
u.a.		

Voraussetzung für eine gelungene Kreuzung sind zunächst einmal übereinstimmende Chromosomenzahlen der beiden ausgewählten Passionsblumen. Es gelingt also längst nicht jeder Kreuzungsversuch. Die wenigsten Hybriden zeigen die erhofften positiven Eigenschaften ihrer Eltern, wie beispielsweise Blütenreichtum, Blütenfarbe, Fruchtertrag oder Frosthärte. Gute Erfolgschancen bieten hingegen Versuche mit Arten, dic relativ unkompliziert sind, wie z.B. *P. caerulea, P. incarnata* u.a.

Sind Blüten von unterschiedlichen Arten gleichzeitig geöffnet, gibt man den Pollen der einen auf die Narbe der anderen Art. Mit Hilfe eines weichen und feinen Pinsels gelingt dies mühelos. Zwischen zwei Kreuzungsversuchen sollte man den Pinsel auswaschen, damit keine ungewollten Pollen mehr daran haften. Der Blütenstiel der bestäubten Blüte wird mit einem Zettel, auf dem der Name der anderen Art steht, markiert. Erscheinen im Spätsommer oder Herbst die Früchte, werden alle Samen der gekennzeichneten Früchte gesondert ausgesät. Nun beginnt das lange Warten auf die erste Blüte der eigenen Kreuzung. Es ist ein unglaublich spannender Moment, wenn sich die erste Blüte der eigenen Kreuzung meist im zweiten oder dritten Jahr nach der Aussaat öffnet. Da die Jungpflanzen einer Kreuzung unterschiedliche Eigenschaften besitzen können, ist es erforderlich die Blüte aller Pflanzen abzuwarten. Lediglich die beste Pflanze sollte ausgewählt und vermehrt werden. Die Vermehrung der Hybriden erfolgt ausschließlich in Form von Stecklingen. Nur auf diese Art und Weise ist eine sortenechte Vermehrung möglich. Für die korrekte Benennung der eigenen Kreuzung ist von Bedeutung, daß der Artname der Pflanze, an der die Frucht reift, zuerst genannt wird.
Mit zunehmender Popularität dieser Gattung sind in jüngster Zeit zahlreiche neue Hybriden entstanden. Darunter sind zweifellos solche Prachtstücke, wie beispielsweise P. 'Byron Beauty`, P. 'Incense` und P. 'Sunburst`. Viele neuere *caerulea*-Kreuzungen hingegen unterscheiden sich bloß in Nuancen voneinander, andere Hybriden, wie z.B. *P. 'Blue Carnival`* bringen nur noch verkrüppelte Blüten hervor. Wieder andere Sorten entwickeln keine Eigenständigkeit und ähneln mit ihren Blüten den reinen Arten. Letztendlich wird jeder Liebhaber - abhängig von seinen Platzmöglichkeiten - für sich selbst entscheiden müssen, welche Hybriden er kultivieren möchte.

Einige der schönsten Kreuzungen möchten wir hier kurz vorstellen.

Hybridenbeschreibung

P. ´Adularia`

P. sanguinolenta
x
P. citrina

Stengel:	kantig
Blattstiel:	1-2 cm; ohne Drüsen
Nebenblätter:	0,5-0,7 cm
Blätter:	2,5-7 x 3-8 cm
Blütenstiel:	3-4,5 cm
Strahlenkranz:	2-reihig

Erst Anfang der 90er Jahre ist mit der von John Vanderplank stammenden P. ´Adularia` eine weitere Kreuzung hinzugekommen, die jede Sammlung bereichert.
P. ´Adularia` stellt keine großen Ansprüche an ihren Standort. Sie ist für eine Kultur im Zimmer, im Gewächshaus oder als Kübelpflanze gleichermaßen geeignet. Dabei kann sie mit gutem Erfolg als Hängepflanze, als Bodendecker oder gewöhnlich als Kletterpflanze am Spalier gehalten werden. Die wüchsige Art blüht im Freiland bereits ab Ende Mai, im geheizten Gewächshaus bringt sie ganzjährig zahlreiche ihrer apricot- bis lachsfarbenen Blüten hervor.
Zugegeben, ihre Blüten zählen mit einem Durchmesser von 4 bis 6 cm nicht zu den größeren dieser Gattung, dafür überzeugt P. ´Adularia` durch ihre Anspruchslosigkeit und ihren Blütenreichtum.

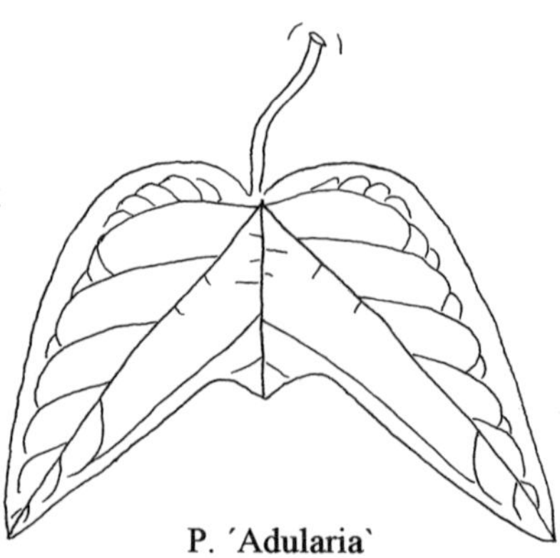

P. ´Adularia`

P. x allardii Lynch

Gard. Chrom. 42:274 (1907)

P. caerulea 'Constance Elliott'
x
P. quadrangularis

P. x allardii ist eine wunderschöne Kübelpflanze. Sie bringt in einem Sommer unzählige der 10-12 cm großen Blüten hervor.

Bereits kleinere Pflanzen haben von Juli bis September täglich zwei oder mehr Blüten geöffnet. Sie gehört somit zu den absolut empfehlenswerten Sorten.

P. x allardii kann ohne weiteres eine Höhe von 4-5 m erreichen. Die Kelchblätter sind weißlich, höchstens zum Rand hin blaß rosa gefärbt. Die Kronblätter sind stärker rosa gefärbt.

Allerdings kommt es immer wieder vor, daß *P. x allardii* mit *P. x belotii,* bzw. *P. caerulea* 'Imperatrice Eugenie' verwechselt wird. Anhand des Strahlenkranzes und der Blattform sind beide Hybriden jedoch gut voneinander zu unterscheiden. Im Gegensatz zu *P. x belotii* ist der tiefblaue Strahlenkranz bei *P. x allardii* nur an der Basis gebändert. Die Blätter sind bei *P. x belotii* deutlich herzförmiger (vergl. Blattzeichnungen).

Stengel:	4-eckig
Blattstiel:	bis 4 cm; 4 Drüsen
Nebenblätter:	1-2 x 1-2 cm
Blätter:	7-16 x 7-16 cm
Blütenstiel:	einzeln, bis 5 cm
Strahlenkranz:	3- bis 5-reihig

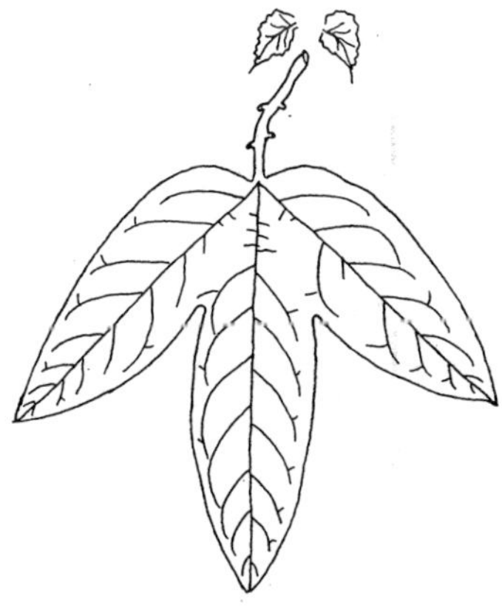

P. x allardii

P. x belotii /
P. caerulea 'Imperatrice Eugenie`

P. alata
x
P. caerulea

Stengel:	4 oder 5 Flügelleisten
Blattstiel:	bis 3,5 cm; 2-4 Drüsen
Nebenblätter:	1,5-3,5 x 1-2 cm
Blätter:	8-18 x 8-12,5 cm
Blütenstiel:	bis 3 cm
Strahlenkranz:	5-reihig

Bei den Hybriden ist es in der letzten Zeit zu einigen verwirrenden Namensänderungen gekommen. Der korrekte Name für diese Hybride lautet nun: *P. x belotii* und nicht mehr *P. x alato-caerulea* oder *P. caerulea* 'Kaiserin Eugenie`.

Ihre rosa-weißen Kelchblätter wechseln sich mit den kräftigeren rosafarbenen Kronblättern ab. Der große Strahlenkranz ist purpurblau und weiß gebändert.

Schon als einjährige Pflanze setzt sie zahlreiche der bis zu 10 cm großen, wunderschönen Blüten an. Unter Zimmerbedingungen bringt die Pflanze ebenfalls Blüten hervor. Allerdings wird die Pflanze für das Fenster mit der Zeit zu groß.

Ebenso wie beispielsweise P. 'Incense` P. 'Amethyst` oder *P. x violacea* stellt sie keine großen Pflegeansprüche und zählt somit zu den dankbarsten Passionsblumen überhaupt.

Es ist daher auch nicht verwunderlich, daß P. *x belotii* regelmäßig im Handel angeboten wird.

P. x belotii

P. x exoniensis hort. L.H. Bailey

Stand. Cycl. Hort. 5:2485 (1916)

P. antioquiensis
x
P. mollissima

P. x exoniensis bringt sehr schöne rosarote Blüten mit einem Durchmesser von bis zu 12 cm hervor. Da es sich bei ihren Eltern um Tacsonia-Arten handelt, sind die Ansprüche von *P. x exoniensis* entsprechend. Im Sommer sind ihr Temperaturen von knapp über 20° C bei gleichzeitig hoher Luftfeuchtigkeit angenehm.
Die 3-gelappten, gesägten Blätter können eine Länge von 10 cm erreichen. Im Vergleich zu den meisten anderen Passiflora-Arten können die Blätter der Tacsonien als eher zierlich bezeichnet werden.
Mit Hilfe ihrer zwei Blattstieldrüsen kann *P. x exoniensis* von *P. antioquiensis*, die bis zu acht Drüsen haben kann, unterschieden werden.
P. x exoniensis ist hierzulande deutlich blühfreudiger als manche Arten der Untergattung Tacsonia.

Stengel:	flaumig behaart
Blattstiel:	bis 2 cm; 2-(6) Drüsen
Nebenblätter:	bis 1 cm, strichförmig
Blätter:	5,5-10 x 7-12,5 cm
Blütenstiel:	3-9 cm, einzeln
Strahlenkranz:	einreihig

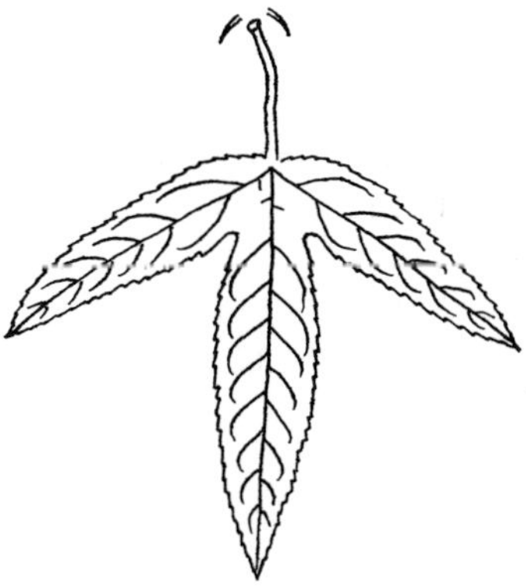

P. x exoniensis

P. 'Incense`

Amer. Hort. (1975)

P. incarnata
x
P. cincinnata

Stengel:	dünn
Blattstiel:	5-6 cm; 2 Drüsen
Nebenblätter:	bis 0,5 cm, pfriemförmig
Blätter:	12-18 x 12-18 cm
Blütenstiel:	8-10 cm, einzeln
Strahlenkranz:	mehrreihig

P. 'Incense` gilt bis -8° C als winterhart. Auf Grund ihrer Blüte, die der von *P. cincinnata* ähnelt, ist sie wohl die schönste Passionsblume, die solche Minustemperaturen übersteht. Zweifel an der Winterhärte beruhen auf Verwechselungen mit *P. cincinnata*.

Die violetten Kelch- und Kronblätter werden in Aufsicht fast vollständig von dem stark gewellten Strahlenkranz verdeckt. Von der Basis bis zur Mitte ist der Strahlenkranz blauviolett und weiß gebändert, von der Mitte bis zum Ende einheitlich blau-violett.

Die duftenden Blüten erscheinen bei einer Kultur im Freiland von Juli bis September, im Gewächshaus setzt die Blüte schon im Mai ein.

Die Blätter sind tief 5-lappig und erreichen eine Länge von 12-18 cm. Die Blattunterseite ist hellgrün, während die Oberseite dunkelgrün gefärbt ist.

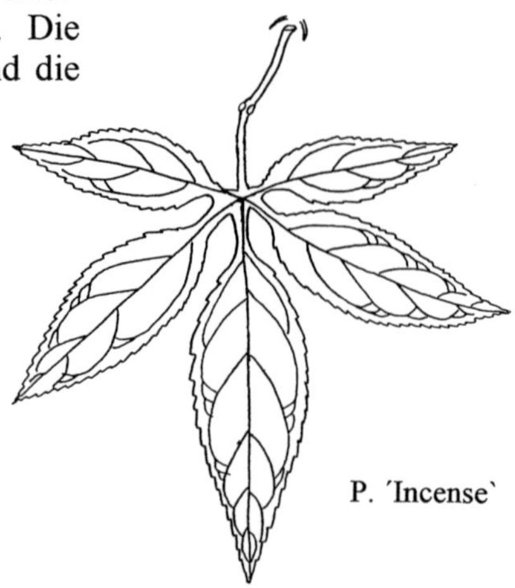

P. 'Incense`

P. 'Sunburst`

P. gilbertiana
x
P. jorullensis

Es ist nicht die Größe der Blüten, die diese Hybride so pflegenswert macht, sondern die Blütenfarbe zusammen mit dem attraktiven Laub. Die grünlich-orangenen Blüten erreichen lediglich einen Durchmesser von 2-3 cm. Sie bleiben noch am zweiten und dritten Tag geöffnet, verlieren allerdings rasch an Farbintensität.
Die attraktiven, dreigelappten Blätter sind entlang der Hauptnerven gefleckt. Zwischen den Hauptnerven findet man zwei Reihen von Nektardrüsen.
Diese Hybride empfiehlt sich für die Zimmer- oder Kübelkultur.
Lediglich im Winter ist sie etwas wählerisch, was den Standort betrifft. Sie braucht viel Licht und wärmere Temperaturen als die übrigen hier erwähnten Hybriden.

Stengel:	dünn
Blattstiel:	bis 2,5 cm; ohne Drüsen
Nebenblätter:	winzig, schnell abfallend
Blätter:	4-8 x 3-5,5 cm
Blütenstiel:	bis 4 cm, paarweise
Strahlenkranz:	einreihig

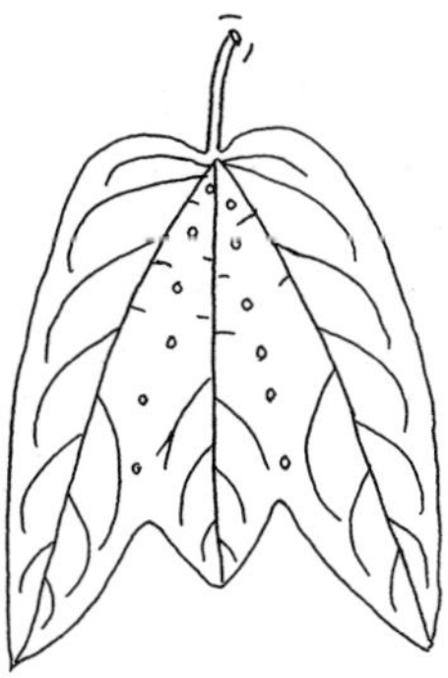

P. 'Sunburst`

P. x violacea Loisel. (1824)

P. caerulea
x
P. racemosa

Stengel:	dünn, unbehaart
Blattstiel:	5-6,5 cm; 2-6 Drüsen
Nebenblätter:	1,5-2,5 x 1-1,5 cm,
Blätter:	11-15 x 12,5-15 cm
Blütenstiel:	3,5-4,5 cm, einzeln
Strahlenkranz:	mehrreihig

Zu den pflegenswerten Hybriden zählt ebenso *P. x violacea*. Diese neue Namensgebung wird in der nächsten Zeit sicherlich für einige Verwirrung unter den Passionsblumen-Liebhabern sorgen. Bis Ende 1991 war diese Hybride noch unter dem Namen *P. x caeruleo-racemosa* bekannt.

Aus der Kreuzung von *P. caerulea* mit *P. racemosa* sind verschiedene Hybriden entstanden, so daß man mehrere Formen voneinander unterscheiden muß.

Als rote Passionsblume wird *P. x violacea* verschiedentlich im Handel angeboten. Es kommen sowohl Formen mit Einzelblüten, als auch Pflanzen, die in Trauben blühen, vor. Die Blütenfarbe variiert je nach Form von einem blassen purpurrosa bis zu einem intensiven rosarot.

Der Strahlenkranz ist in der Regel bis zur Mitte dunkel-purpur und ab der Mitte weiß gefärbt. Oft findet sich am Ende noch eine purpurfarbene Bande.

An der selben Pflanze können 3- und 5-gelappte Blätter vorkommen, wobei die 3-gelappten jedoch deutlich überwiegen.

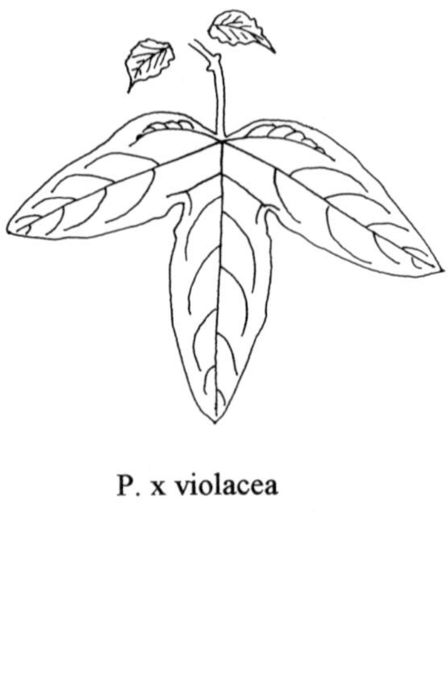

P. x violacea

Schädlinge

Passionsblumen werden in der Regel nicht stark von Schädlingen heimgesucht. Hin und wieder treten aber verschiedene Plagegeister auf, die beispielsweise durch Stecklinge oder Pflanzen von anderen Liebhabern eingeschleppt wurden. Neue Pflanzen sollten daher vorsichtshalber für einige Tage in Quarantäne gestellt werden. Ein frühzeitiges Erkennen der Schädlinge ist eine wichtige Voraussetzung, um ohne giftige Pflanzenschutzmittel auszukommen. Regelmäßige Untersuchungen der Blätter und Blattachseln sind daher unverzichtbar.
Passionsblumen, die über optimale Wachstumsbedingungen und gute Nährstoffversorgung verfügen, sind widerstandsfähiger gegen einen Schädlingsbefall. Durch Pflegefehler hingegen werden die Pflanzen geschwächt und somit anfälliger für Schädlinge. Wer seinen Passionsblumen also die nötige Aufmerksamkeit zukommen läßt, wird kaum mit übermäßigem Schädlingsbefall rechnen müssen. Wenn doch einmal zu chemischen Spritzmitteln gegriffen werden muß, dann sollte die Anwendung konsequent und nach Vorschrift erfolgen; nur so kann man die Schädlinge und deren nächste Generation wirkungsvoll bekämpfen.

Wolläuse

Eine unangenehme Sache ist der Befall mit Woll- oder Schmierläusen. Dabei handelt es sich um weiße, watteartige Tiere, die blattunterseits und besonders in den Blattachseln vorkommen. Durch ihre Saugtätigkeit verursachen sie Vergilbungen und Wachstumsstörungen.
Wolläuse werden von weißen Wachsausscheidungen umhüllt und sind deshalb schwer bekämpfbar. Sind nur wenige Tiere vorhanden, kann man sie vorsichtig absuchen oder mit 70 %-igem Alkohol abtupfen. Zusätzlich werden im Handel Freßfeinde der Wolläuse zur biologischen Schädlingsbekämpfung angeboten. Es handelt sich dabei um australische Marienkäfer, deren wirksame Anwendung jedoch nur in geschlossenen Räumen (Wintergarten, Gewächshaus) erfolgen kann. Zeigen die Käfer nicht die erhoffte Wirkung, muß man auf entsprechende Spritzmittel zurückgreifen. Leider reagieren die Passionsblumen oft empfindlich auf den Einsatz von Chemie. Deshalb sollten nur möglichst verträgliche Mittel verwendet werden.

Spinnmilben

Besonders während der Wintermonate, wenn die Bedingungen für die Passionsblumen nicht ideal sind, treten bei zu trockener Luft verschiedene Schädlinge auf. Neben Blattläusen und Thripse, deren Bekämpfung allgemein bekannt sein dürfte, sind dies vor allem Spinnmilben.
Diese nur ca. 0,5 mm großen, gelblich bis hellbraunen oder roten Milben sind hauptsächlich an der Blattunterseite zu finden und werden daher schnell übersehen. Durch das Aussaugen einzelner Zellen entstehen auf der Blattoberseite kleine gelbliche Sprenkel, die sich bei starkem Befall weiter ausdehnen können. Im fortgeschrittenen Stadium führt dies zur Vergilbung der Blätter und vorzeitigem Absterben von Knospen und Blüten.
Die befallenen Pflanzen werden zunächst isoliert und die Blattunterseiten vorsichtig abgewaschen. Sofern dies möglich ist, werden die Pflanzen kühler gestellt und gleichzeitig wird für eine höhere Luftfeuchtigkeit gesorgt. Darüber hinaus kann man zur biologischen Schädlingsbekämpfung Raubmilben einsetzen, die sich von den Spinnmilben ernähren. In der Regel reichen diese Maßnahmen völlig aus. Auf den Einsatz von Spritzmitteln mit Parafinöl, wie sie gegen Wolläuse und Spinnmilben angeboten werden, reagieren die Passionsblumen unterschiedlich. Weichblättrige und behaarte Arten verlieren einen Großteil ihrer Blätter, hartlaubige Arten, wie z.B. *P. racemosa*, zeigen keinerlei Reaktion.

Nematoden

Oftmals sind es Nematoden, die ganze Passiflora-Sammlungen dahinraffen. Diese winzigen, farblosen Fadenwürmer können an den Wurzeln erhebliche Schäden hervorrufen.
Man beugt dem Befall vor, indem nur keimfreie Blumenerde verwendet wird. Gewöhnliche Gartenerde sollte vor dem Gebrauch 20 min. bei einer Temperatur von ca. 180° C im Backofen erhitzt werden. In einem auf diese Weise behandelten Pflanzsubstrat treten praktisch nie Nematoden auf. Haben sie sich aber einmal eingenistet, müssen die betroffenen Pflanzen sofort entfernt werden. So sehr das Sammlerherz auch an den Pflanzen hängen mag, nur eine sofortige Beseitigung beugt einem Befall der restlichen Arten vor. Ein Austausch der Erde bringt meist nur kurzzeitige Linderung. Sofern die Triebe der befallenen Passionsblumen nicht schon zu stark geschwächt sind, können sie als Stecklinge verwendet werden.

Ausflugsziele

Sicherlich gibt es für den Passiflora-Liebhaber viele lohnende Ausflugsziele. Einige botanische Gärten mit herausragenden Passiflora-Sammlungen möchte ich an dieser Stelle jedoch besonders hervorheben:

Alter Botanischer Garten der Universität Göttingen

Der alte Botanische Garten der Universität Göttingen (gegründet 1736) ist mit knapp 5 ha Fläche einer der kleinsten botanischen Gärten in Deutschland. Um so beachtlicher ist sein Sammelbestand von über 10.000 Pflanzenarten aus aller Welt.
Dem Freiland mit Teich, Alpinum, Arboretum, Farnhang und gepflegten Beeten stehen 8 Gewächshäuser mit z.T. historischer Bausubstanz gegenüber.
Zu den Schwerpunkten gehört eine Kalthauspflanzensammmlung, Aronstabgewächse, Insektivoren, Kakteen und Sukkulenten, eine der größten Bromeliensammlungen mit über 1.000 Arten und ein Viktoriahaus mit tropischen Wasserpflanzen.
Recht neu ist eine Sammlung von derzeit etwa 70 Passiflora-Arten und -Sorten, von denen die schönsten im Viktoriahaus, im großen Kalthaus und an anderen Stellen ausgepflanzt zu sehen sind. Mitten in der Innenstadt gelegen (5 Fußminuten vom Bahnhof), sei der Garten jedem Passifloren-Freund empfohlen. Viele der dort gepflegten, seltenen Passiflora-Arten werden allerdings nicht im öffentlich zugänglichen Teil aufbewahrt. Es ist daher sinnvoll, seinen Besuch zuvor bei M. Schwerdtfeger (Gartenkustos) oder K. Mausolf (Techn. Leitung) unter der Telefon-Nummer 0551-395 753 anzukündigen.

Botanischer Garten der Universität Bonn

Der Botanische Garten der Rheinischen Friedrich-Wilhelms-Universität Bonn verfügt ebenfalls über eine beträchtliche Anzahl von Passiflora-Arten. Rund 10 Arten sind über die Gewächshäuser und das Freiland verteilt. Weitere 25 Pflanzen sind in dem für die Öffentlichkeit nicht zugänglichen Bereich untergebracht.

Einen wunderschönen Anblick bietet im Sommer das Viktoriahaus. Rund um die Wasserfläche wachsen meterhohe Passionsblumen, wie *P. ambigua, P. helleri, P. holosericea, P. microstipula* und *P. quadrangularis*.
Weitere Arten, wie *P. coccinea* (Tropenhaus), *P. coriacea* (Farnhaus), *P. racemosa* (Sukkulentenhaus) und *P. caerulea* (Freiland) u.a., sind über den gesamten botanischen Garten verteilt.
In unmittelbarer Nähe der Autobahn 565, Abfahrt Bonn-Poppelsdorf gelegen, ist der Garten mit dem Pkw gut zu erreichen.
Die Gewächshäuser sind montags bis freitags von 10.30 bis 12.00 Uhr und von 14.00 bis 16.00 Uhr geöffnet. An Sonn- und Feiertagen sind die Gewächshäuser von 9.00 bis 13.00 Uhr geöffnet, samstags bleibt der Garten geschlossen. Bei längerer Anreise ist es allerdings ratsam, sich vorher zu erkundigen, ob es bei den oben angegebenen Öffnungszeiten geblieben ist.

Botanischer Garten München-Nymphenburg

Über eine außergewöhnlich große Passiflora-Sammlung verfügt ebenfalls der Botanische Garten München. In den öffentlichen Gewächshäusern sind rund 20 Passiflora-Arten ausgepflanzt. Im Orchideenhaus wachsen *P. coccinea, P. coriacea und P. menispermifolia*, im Nutzpflanzenhaus *P. alata* und *P. edulis*, im Baumfarnhaus *P. eichleriana, P. maliformis, P. ligularis, P. sanguinolenta*, u.a., im Viktoriahaus *P. holosericea* und *P. microstipula*. Darüber hinaus sind folgende Arten in anderen Gewächshäusern zu bewundern: *P. ampullacea, P. cumbalensis, P. helleri, P. manicata, P. mixta* und *P. trifasciata*.
Mit der Straßenbahn Linie 17 vom Hauptbahnhof aus Richtung Amalienburg-Str. ist der Botanische Garten München (eigene Haltestelle) mit öffentlichen Verkehrsmitteln sehr gut zu erreichen.
In der Zeit von Mai bis August ist der Garten von 9.00 bis 19.00 Uhr geöffnet. Die restliche Zeit des Jahres bleibt der Garten mindestens bis 16.30 Uhr geöffnet. Der Eintritt beträgt für Erwachsene 3,00 DM, für Rentner, Studenten und Kinder ab 15 Jahren 1,50 DM.

Garten der lebenden Schmetterlinge Bendorf-Sayn

Der Garten der lebenden Schmetterlinge, direkt unter der Schloßruine Sayn-Wittgenstein-Sayn in einem großen Landschaftspark gelegen, ist für den Passionsblumen-Liebhaber ein reizvolles Ausflugsziel.

Umflogen von farbenprächtigen Schmetterlingen wandelt man durch die beiden Gewächshäuser. Je nach Jahreszeit gibt es immer wieder andere Schmetterlingsarten zu bewundern. Vertreter der Familie der Heliconiden (z.B. Zebrafalter, Kurier), die sich im Raupenstadium von den Passionsblumen ernähren, sind hingegen ständig vertreten. Natürlich finden sich daher auf dem Rundweg durch die Glashallen zahlreiche Passionsblumen-Arten, wie z.B. *P. foetida, P. holosericea, P. ligularis, P. quadrangularis, P. x violacea*. Im Spätsommer zeigen sich die Passionsblumen in ihrer ganzen Blütenpracht, selbst wenn sich vereinzelte Raupen an den Blättern gütlich tun. Der Garten ist ab Ende März bis Ende September täglich von 9.oo bis 18.oo Uhr geöffnet. Nach der Zeitumstellung am letzten Septemberwochenende bleibt der Schmetterlingsgarten noch bis Anfang November von 9.oo bis 17.oo Uhr geöffnet.

Botanischer Garten der Universität Zürich

Drei in Europa einzigartige Kuppelgewächshäuser mit verschiedenen Klimazonen lassen den Besuch des Botanischen Gartens der Universität Zürich zu einem besonderen Erlebnis werden. Im größten Haus herrscht tropisches Klima, in den beiden anderen Subtropen- und Savannenklima. Zu den Schwerpunkten des Gartens zählen Cycadaceae, Hananelidaceae und Pteridophyten. Sehenswert sind ebenso die verschiedenen Freilandanlagen.

Im Botanischen Garten werden rund 20 Passiflora-Arten, wie z.B. *P. alata, P. amethystina, P. capsularis, P. caerulea, P. coccinea, P. edulis, P. foetida, P. holosericea, P. lobata, P. manicata, P. quadrangularis, P. racemosa, P. sanguinolenta, P. suberosa, P. vespertilio* und *P. vitifolia* gepflegt. Leider wird der größte Teil der Sammlung in nicht für den Publikumsverkehr zugänglichen Bereichen kultiviert. Für spezielle Fragen stehen die Gärtner gerne zur Verfügung.

Mit öffentlichen Verkehrsmitteln (Tram 11/ Bus 31) läßt sich der Garten vom Hauptbahnhof aus gut erreichen. Von März bis September ist der Botanische Garten täglich von 8 bis 18 Uhr und von Oktober bis Februar von 8 bis 17 Uhr geöffnet. Der Eintritt ist kostenlos.

Worterklärungen

Androgynophor:	Verlängerte Blütenachse oberhalb der Ansatzstellen der Kronblätter, an deren Spitze sich die Staubblätter und der Fruchtknoten samt Griffeln und Narben befinden.
Anthere:	Pollentragender Teil des Staubblattes; Staubbeutel
Arillus:	Samenmantel
Brakteen:	Einfach gestaltete Blattorgane, die oberhalb der Laubblätter an Teilen der Sproßachse stehen; Hochblätter
Corona:	Ein bei den Passionsblumen oft aus fadenförmigen Segmenten bestehender Kranz
Filament:	Teil des Staubblattes; Staubfaden
Griffel:	Verbindungsstück zwischen der Narbe und dem Fruchtknoten
Hypanthium:	Blütenbecher
Internodium:	Stengelabschnitt zwischen zwei aufeinanderfolgenden Nodien
Limen:	Membran, die innen am Grunde des Blütenkelchs gelegen ist
Nektarien:	Nektardrüsen, die ein zuckerhaltiges Sekret ausscheiden
Nodium:	Teil der Sproßachse, an dem ein oder mehrere Blätter ansitzen
Operculum:	Eine oft gefaltete, deckelartige Membran, die außen am Grunde des Blütenkelchs gelegen ist

Petalen: Innen liegender Kreis von Blütenblättern, der im Vergleich zu den Sepalen oft lebhafter gefärbt ist; Kronblätter

Sepalen: Außen liegender Kreis von Blütenblättern, der bei der Knospe die übrigen Blütenteile umhüllt; Kelchblätter

Sproßranken Zu Ranken umgewandelte Seitensproße

Stipeln: Blattartige Auswüchse an der Ansatzstelle des Blattstiels; Nebenblätter

Literaturverzeichnis

Escobar, L.K.: Flora De Colombia. Bogota 1988

Gottschalk, M.: Alte und neue Hybriden der Passionsblumen. Gartenpraxis 1/1991, S. 46 - S. 51

Gottschalk, M.: Pflegenswerte Passionsblumen. Gartenpraxis 7/1991, S. 52 - S. 59

Harms, H.: Passifloraceae. erschienen in Engler, A.: Die natürlichen Pflanzenfamilien. Leipzig 1925

Holm-Nielson, L.B., Jorgensen, P.M., Lawesssen, J.E.: Flora of Ecuador. Berlings Arbo 1988

Killip, E.P.: The American species of Passifloraceae. Field Museum of Natural History, Vol 19, Part 1 and 2, Chicago 1938

Killip, E.P.: Supplemental notes on the American species of Passifloraceae. 1960

Lawrence, George H. M.: Names of Passiflora hybrids. Baileya 8(3):118-120.1960

Ulmer, T., Kickuth, B.: Passionsblumen - Eine faszinierende Gattung. Witten 1997

Ulmer, T.: Schmackhafte Passionsfrüchte. Gartenpraxis 9/1995, S.54 - S.59

Vanderplank, J.: Passionflowers. London 1991

Nützliche Adressen

Interessengemeinschaft Passionsblume
Bea Lang
Bockholtstr. 23 b

41460 Neuss

Passiflora Society International
Butterfly World at Tradewinds Park
3600 W. Sample Road
Coconut Creek, Florida
USA 33073

Bezugsquellen

Blumen & Passiflora
Torsten Ulmer
Hevener Straße 18

58455 Witten

Flora Mediterranea
Christoph und Maria Köchel
Königsgütler 5

84072 Au/Hallertau

Fuchsienkulturen
Rudolf und Klara Baum
Scheffelrain 1

71229 Leonberg

Mediterane Flora und Terracotta
Michael von Allesch
Ackermannstraße 21

22087 Hamburg

Passiflorakultur
Jens Buddrich
Amselstr. 75

24837 Schleswig

Gartenbau-Pflanzen-Märit
Lehmann
Florastr. 3

CH-3600 Thun

National Collection of Passiflora
Lampley Road
Kingston Seymour
Clevedon
Avon
BS21 6XS

Pflanzenregister

Fettgedruckte Seitenzahlen verweisen auf Farbfotos